Les cahiers d'écriture

Hindi
Les bases de la devanagari

Annie Montaut et Shailendra Mudgal

Sommaire

L'écriture divine 4
Présentation de l'alphabet 6
Translittération et sons 8
Les voyelles 9
    Les voyelles orales 10
    Les voyelles nasales 21
    Aum 23
Les consonnes 24
Les consonnes suivies d'une voyelle 59
Les consonnes suivies d'une consonne 68
Quelques mots 83
La ponctuation 101
Quelques phrases 102
Quelques prénoms 118
Lire et écrire en hindi sur un ordinateur 119
L'usage de la devanagari dans les autres langues 121
La calligraphie 124
Les chiffres 126
Solutions des exercices 127

L'écriture divine

Apprendre à écrire le hindi, c'est découvrir l'écriture de presque un demi-milliard de locuteurs de cette langue, établis en Inde du Nord et ailleurs, notamment à l'île Maurice. Les États indiens de l'Uttar Pradesh, du Rajasthan, du Bihar, du Madhya Pradesh, de l'Haryana, de l'Uttarakhand utilisent cette écriture. Le hindi est, avec l'anglais, la langue officielle du pays, on peut donc dire que l'écriture circule d'un bout à l'autre du sous-continent, avec la langue. Elle sert aussi à écrire le népali, le marathi, le prakrit (langue ancienne, fille du sanskrit) et a aussi servi à écrire de nombreuses autres langues indiennes.

L'écriture, horizontale et de gauche à droite, sans majuscules, utilise les mêmes lettres que le sanskrit, à quelques simplifications près. Elle est donc très ancienne, mais moins que la langue sanskrite, dont les premiers textes datent de bien avant notre ère et se sont transmis de façon orale. Elle est originaire de la brahmi, ancienne écriture attestée dès les inscriptions d'Ashoka, empereur converti au bouddhisme au IIIe siècle avant notre ère. D'origine mystérieuse, la brahmi est un alphasyllabaire qui sert de matrice à toutes les écritures indiennes, y compris dravidiennes, à l'exception de l'ourdou, qui utilise les caractères arabo-persans.

La devanagari n'a pris sa forme actuelle qu'à partir du VIIe ou VIIIe siècle, suite à de nombreuses transformations dont la dernière est cristallisée dans l'écriture gupta, pendant l'empire du même nom (IV-VIIe siècles). Le nom de l'écriture, **devanagari**, dont l'ordre est remarquable car il n'est pas aléatoire, signifie littéralement divine **(dev)** et citadine **(nagari)**, et est souvent abrégé en **nagari**.

On pense que le système graphique indien s'est construit sur la base du traité du célèbre grammairien Panini, l'*Ashthadhyayi* (IVe siècle), qui décrit les sons du sanskrit et en explique les combinaisons. L'unité de base est l'*akshara*, unité avant tout sonore mais qui, dans l'usage moderne, a pris le sens de lettre. Elle consiste en une voyelle, ou une consonne suivie de voyelle, ou un groupe de consonnes suivi de voyelle. Par défaut, la voyelle suivant la consonne est **a**, d'où le nom d'alphasyllabaire souvent donné à la nagari.

Ces unités sont ordonnées, depuis que la devanagari est utilisée, selon le point d'articulation des sons, d'abord les voyelles, d'arrière en avant, puis les consonnes, d'arrière en avant également. Apprendre à écrire est donc apprendre le système phonologique de la langue, du sanskrit plus exactement, car celui du hindi s'en distingue sur plusieurs points.

Le hindi en effet, tout en étant issu du sanskrit comme les autres langues indo-aryennes, est une langue moderne, parlée à l'origine autour d'Agra et de Delhi, et standardisée au cours du XIXe siècle. Culturellement toutefois, la tradition littéraire hindie, exprimée dans diverses variantes régionales, est bien antérieure, avec les grands poètes mystiques du XIVe au XVIe siècles. Le poète Kabir (XIVe siècle) est, par exemple, considéré comme le père de la tradition hindie (et ourdoue) alors que ses aphorismes sont exprimés dans une langue grammaticalement très différente du hindi moderne, le *Ramayana* de Tulsidas (XVIe siècle), long poème épique toujours très populaire, est en awadhi, dialecte oriental du hindi, les poèmes de Surdas, chantre de la dévotion krishnaïte, en braj, dialecte occidental. Le chant, la psalmodie et la transmission orale ont longtemps représenté le plus authentique moyen de conserver un texte, bien supérieur à la tradition écrite, mais, depuis le XIXe siècle, une importante littérature écrite, ainsi que le développement de la presse écrite (une douzaine de grands quotidiens) ont donné à l'écrit ses lettres, si l'on peut dire, de noblesse.

Parmi les changements subis par le système phonique, certains sont dus à l'évolution interne de la prononciation, d'autres, qui ont des répercussions graphiques également, aux contacts avec d'autres langues, notamment le persan et à travers lui les mots arabes, surtout durant la dynastie moghole qui domina l'Inde du XVIe au XIXe siècle : Akbar (1556-1605) est célèbre pour son projet de symbiose de l'hindouisme et de l'islam, lié à la traduction des grands textes des deux cultures. L'anglais enfin a introduit un son propre et un signe graphique adapté pour le transcrire, et a consolidé dans le renouvellement du système phonographique les sons **z** et **f** introduits par la culture persane.

Un mot pour finir sur la façon dont l'écriture devanagari est enseignée dans les écoles. Bien que le hindi diffère à bien des titres du sanskrit dans son système phonographique, (notamment pour le tracé des consonnes liées qui sont disposées verticalement en sanskrit), horizontalement en hindi, les petits élèves d'aujourd'hui continuent à apprendre à écrire toute la gamme des consonnes nasales, dont deux ne sont quasiment plus utilisées et ne se trouvaient même en sanskrit que sous forme abrégée dans des combinaisons. À la fin du « syllabaire » de base sont souvent ajoutées deux voire trois ou quatre akshara combinées, qui apparaissent aux entrées de la lettre simple correspondante dans les dictionnaires, ce qui explique que pour dire « de A à Z », on dit souvent « de A à GYA ». Nous les présentons ici entre parenthèses, ainsi que les lettres correspondant à des sons empruntés.

Quant aux normes modernes de l'orthographe, telles que les reflète la presse, elles tendent à supprimer une grande partie des signes diacritiques, suscrits et souscrits, mais elles conservent des graphes qui correspondaient à des distinctions sonores réalisées en sanskrit et disparues en hindi.

Présentation de l'alphabet

Nous présentons chaque lettre avec sa translittération standard, une barre horizontale suscrite notant les voyelles longues, un point souscrit notant les consonnes rétroflexes, le petit cercle souscrit sous la lettre **r** notant la voyelle centrale du sanskrit. Le point suscrit n'apparaît que sur la consonne nasale vélaire en combinaison. La transcription phonétique approximative est présentée à la suite ainsi que les principaux problèmes de prononciation. Entre parenthèses figurent les lettres qui n'ont pas d'entrée propre dans le dictionnaire.

Voyelles

अ	आ	इ	ई	उ	ऊ	ऋ	ए	ऐ	ओ	औ
a	ā	i	ī	u	ū	r̥	e	ai	o	au

Consonnes occlusives

- vélaires

क	(क़)	ख	(ख़)	ग	(ग़)	घ	(ङ)
k	(q)	kh	(kh)	g	(g)	gh	(ṅ)

- affriquées

च	छ	ज	(ज़)	झ	(ञ)
c	ch	j	(z)	jh	(ñ)

- rétroflexes

ट	ठ	ड	(ड़)	ढ	(ढ़)	ण
ṭ	ṭh	ḍ	(ṛ)	ḍh	(ṛh)	ṇ

- dentales

त	थ	द	ध	न
t	th	d	dh	n

PRÉSENTATION DE L'ALPHABET

- labiales

प	ब	फ	(फ़)	भ	म
p	b	ph	(f)	bh	m

Consonnes non occlusives

य	र	ल	व	श	ष	स	ह
y	r	l	v	ś	ṣ	s	h

Combinaisons de consonnes

(क्ष)	(ज्ञ)
(kṣ)	(gy)

Translittération et sons

Translittération et prononciation

Dans la translittération, la barre horizontale sur une voyelle (rendue par un accent circonflexe en transcription « phonétique ») indique qu'elle est longue. Les voyelles **ai** et **au** étaient originellement des diphtongues longues en sanskrit, d'où la translittération. En hindi, elles sont simplement plus ouvertes : **ai** comme dans *sel* ou *faire*, **au** comme dans *port* ou *Paul* (transcrit par ɔ en phonétique : ɔ̂).

Les lettres translittérées **c** et **j** se prononcent comme le **tch** [tʃ] de *atchoum* et le dj [dʒ] de *Django*.

La lettre **ś** se prononce comme le **ch** de *chat*, ainsi que la lettre **ṣ**.

Sons absents du français : aspirées et rétroflexes

La prononciation des consonnes aspirées (lettre de la consonne, suivie de **h** en translittération) suppose l'émission d'un souffle en même temps qu'on articule la consonne ; les rétroflexes (translittérées par un point en dessous de la consonne et l'italique dans la transcription phonétique) se prononcent en incurvant la langue dans la cavité buccale afin que le bout de la langue aille frapper au-dessus des incisives supérieures, entre la racine et l'avant du palais.

Les sons empruntés z, q, kh, g

Ils n'entrent pas phonétiquement dans la série des lettres qui leur servent de base, mais ils se trouvent à la même entrée dans le dictionnaire.

Les lettres combinées **kṣ** et **gy** se trouvent respectivement à l'entrée **k** et **g**.

Les voyelles

L'alphabet commence par les voyelles, स्वर **svar**, littéralement son, d'abord le son articulé le plus en arrière qui est la voyelle **a**, suivis des sons articulés en avant de la cavité buccale, **i** et **u**, ce qu'on appelle le triangle vocalique, et qui se trouve dans toutes les langues. Le système phonologique du hindi a la particularité de distinguer nettement, pour chacune de ces trois voyelles fondamentales, la brève et la longue, translittérée avec une barre horizontale sur la lettre. Viennent ensuite les voyelles articulées moins en avant, **e**, et moins en arrière, **o** : pour celles-ci, le système hindi distingue voyelle fermée et voyelle longue ouverte. Dans chaque série, la voyelle longue est dessinée sur la base de la voyelle brève, avec un signe additionnel.

LES VOYELLES ORALES

अ a [a]

Le **a** bref est prononcé moins en arrière que le **ā** long, jusqu'à s'approcher du **e** central du français dans certains mots. Cette lettre a une autre graphie, plus traditionnelle : अ

LES VOYELLES ORALES

आ ā [â]

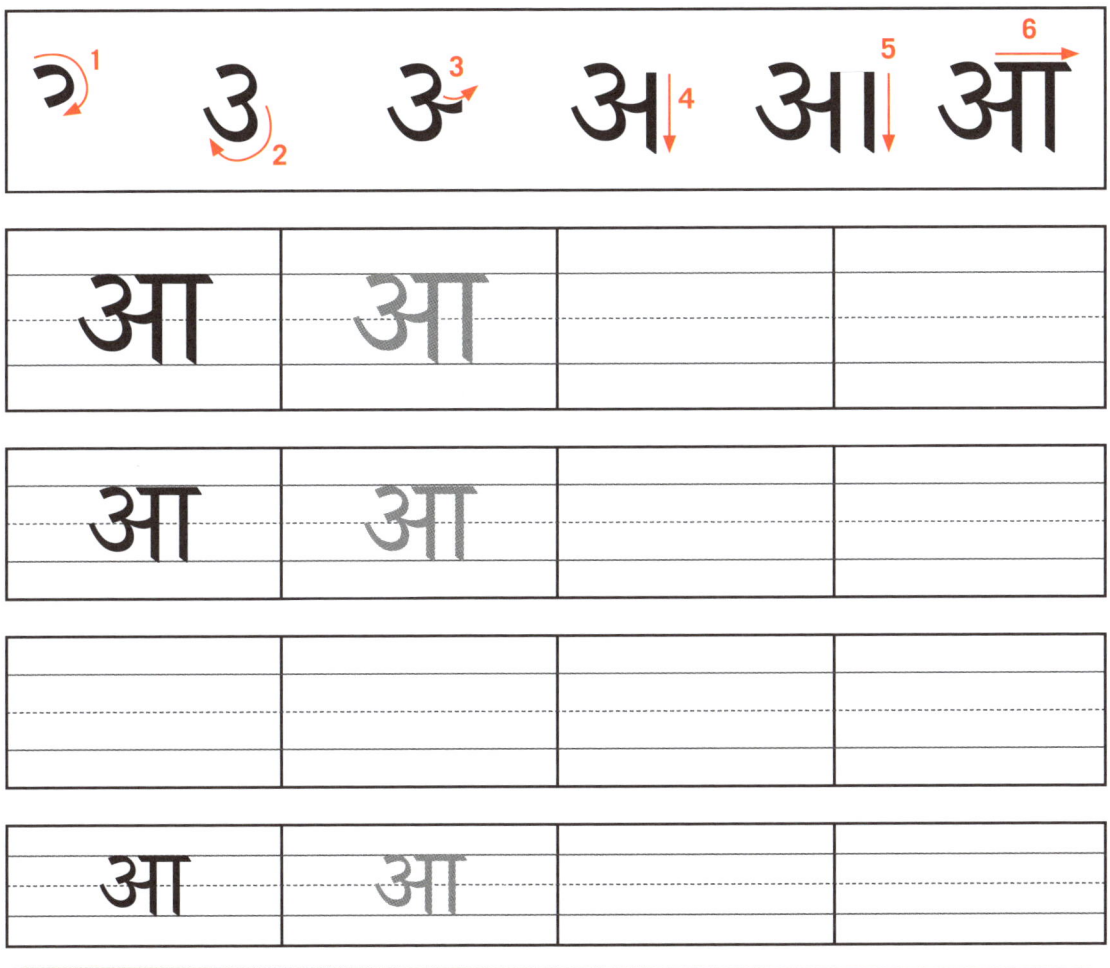

Le signe ऑ ā surmonté d'un petit croissant de lune s'utilise seulement pour transcrire le **o** très ouvert qu'on trouve dans les mots anglais *awe*, *law*, *coffee*. On ne le trouve que dans l'écriture de mots anglais.

LES VOYELLES ORALES

इ i [i]

 ī [î]

LES VOYELLES ORALES

उ u [ou]

LES VOYELLES ORALES

ऊ ū [oû]

LES VOYELLES ORALES

ऋ ṛ [ri]

Cette voyelle ne se trouve que dans les mots sanskrits où elle était originellement prononcée comme une voyelle. Elle se prononce **ri** en hindi moderne, mais **ru** en marathi.

LES VOYELLES ORALES

ए e [é]

LES VOYELLES ORALES

 **ai** [è]

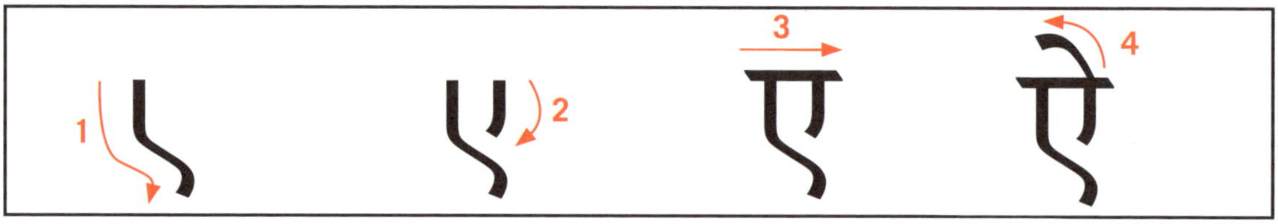

Cette voyelle est plus longue mais surtout plus ouverte que la précédente. Elle était diphtonguée (ai) en sanskrit et l'est encore dans les dialectes orientaux de la zone hindiphone.

LES VOYELLES ORALES

ओ o [o]

ग़¹ उ₂ उँ³ अ₄ आ₅ ओ⁶ ओ⁷

ओ	ओ		
ओ	ओ		
ओ	ओ		

LES VOYELLES ORALES

औ au [ɔ]

> La voyelle longue était diphtonguée en sanskrit et l'est encore dans les dialectes orientaux du hindi. En hindi standard, c'est un **o ouvert** [ɔ].

Les voyelles nasales

Toutes les voyelles, longues et brèves, ouvertes et fermées, peuvent être nasalisées. La nasalisation ou **अनुनासिका anunāsikā** (qui passe par le nez) est transcrite par un signe au-dessus de la ligne qui ferme la voyelle. Ce signe est soit le croissant de lune contenant un point (**चंद्र बिंदु candra bindu**), si le tracé de la voyelle ne dépasse pas la ligne, comme **a** ou **e**, soit, si le tracé de la voyelle dépasse la ligne comme ई **ī**, ऐ **ai**, ओ **o**, औ **au**, un simple point (**बिंदु bindu**) à droite de ce tracé.

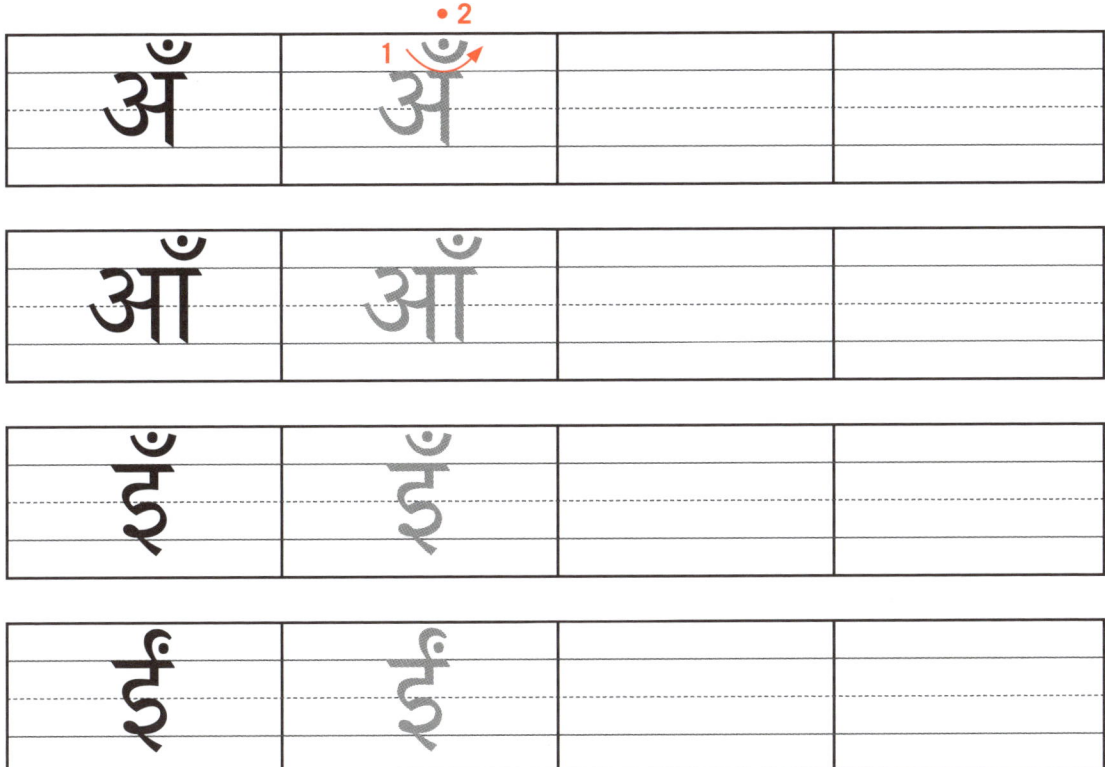

Les voyelles nasales

एँ	एँ		
एं	एं		
उँ	उँ		
ऊँ	ऊँ		
ओं	ओं		
औं	औं		

Le signe ॐ, qu'on transcrit d'ordinaire **AUM** (parfois OM) est une syllabe sanskrite représentant la vibration fondamentale ou le mantra primordial, son à partir duquel s'est créé l'univers selon l'hindouisme. Il est décrit en détail dans la *Chandogya Upanishad*, un des textes classiques dont se réclame le yoga, pratique visant à unir (le corps à l'esprit et au principe cosmique absolu). La syllabe est constituée des trois unités phoniques A, U et M, qui représentent respectivement la naissance ou le commencement, avec le dieu créateur Brahma, la continuation ou la vie avec le dieu Vishnou et la mort ou la fin avec le dieu Shiva.

Les consonnes

Les consonnes ou व्यंजन **vyājan** sont présentées dans l'ordre de l'alphabet, remarquablement fidèle à l'articulation du son. La première série (क **ka**) est celle des vélaires ou gutturales, articulées en arrière du palais, et elle commence par une consonne sourde, suivie de l'aspirée correspondante, puis de la sonore (ग **ga**) et de l'aspirée, la nasale, utilisée uniquement en combinaison, étant présentée plus tard (voir p. 82). Vient ensuite la série des palatales articulées au milieu du palais (च **tcha**), puis des rétroflexes articulées contre la racine des dents avec la langue recourbée, puis la série des dentales (त **ta**) articulées contre les dents, et enfin des labiales articulées au niveau des lèvres (प **pa**). Viennent ensuite les consonnes dont l'articulation est soit latérale comme les liquides ou les roulées, soit continue, avec les semi-consonnes, les sifflantes et les chuintantes.

Les consonnes sont nommées par le son qui les constitue suivi de la voyelle **a**, qu'on appelle parfois voyelle inhérente parce qu'une consonne suivie d'une autre consonne est prononcée avec ce **a** bref. La lettre ou *akshara* a une valeur de syllabe.

Vous les trouverez accompagnées de leur translittération standard suivie de la transcription phonétique comme pour les voyelles.

क ka [ka]

La série क **ka** (gutturales) comprend d'abord la sourde, ensuite l'aspirée sourde, puis la sonore et la sonore aspirée.

LES CONSONNES

ख kha [kha]

Les consonnes aspirées sont en réalité plutôt des expirées car on exhale un souffle en même temps qu'on articule la consonne.

ग ga [ga]

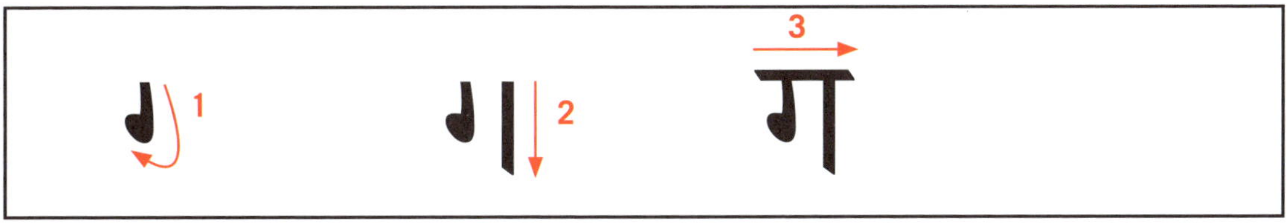

LES CONSONNES

घ gha [gha]

LES CONSONNES

च ca [tcha]

La série des affriquées (consonnes à articulation dentale et palatale **t + ch** [tʃ]) comporte comme la précédente une sourde, une sourde aspirée, une sonore et une sonore aspirée, la nasale de la série n'apparaissant qu'en combinaison.

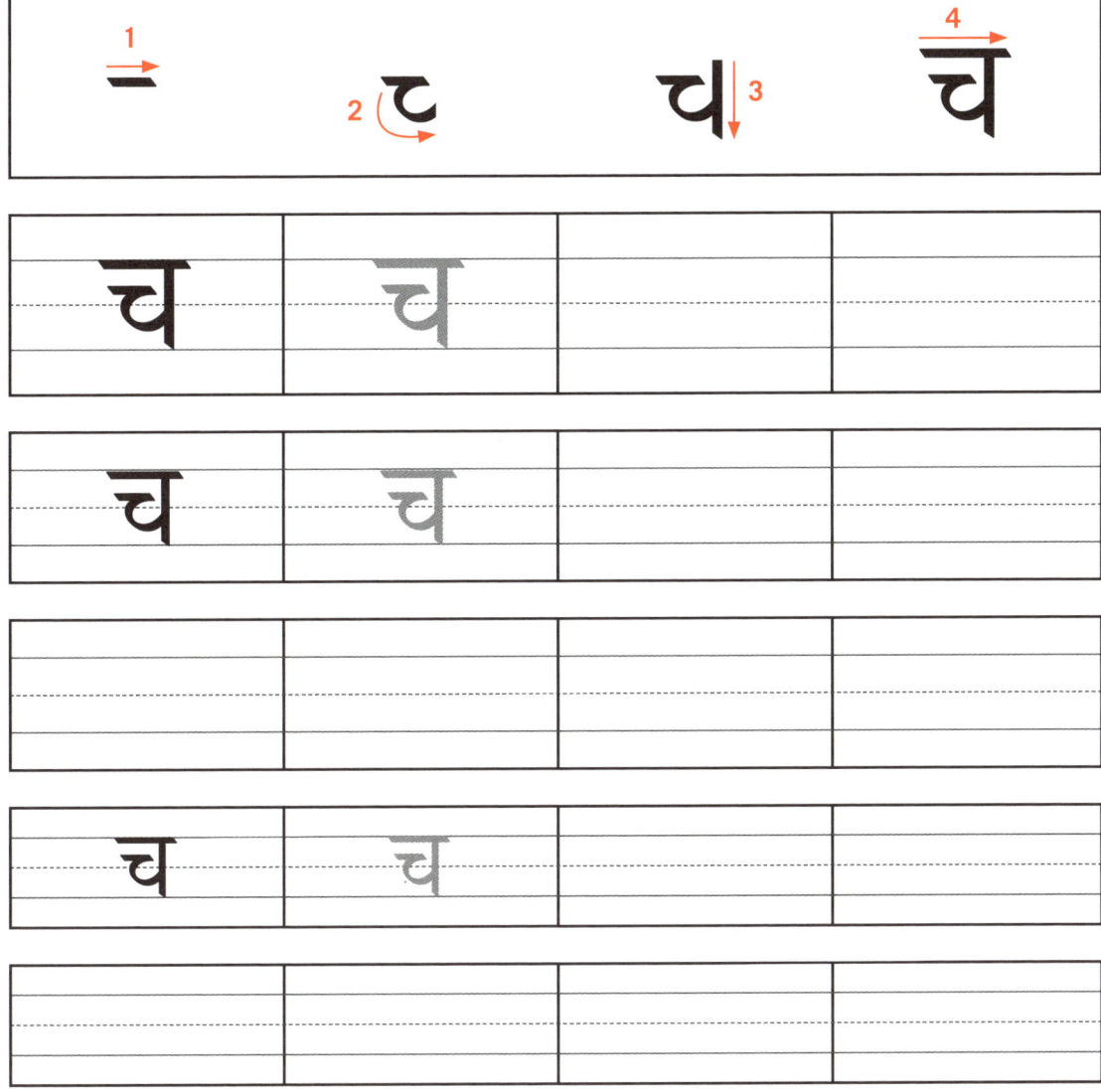

LES CONSONNES

छ **cha** [tchha]

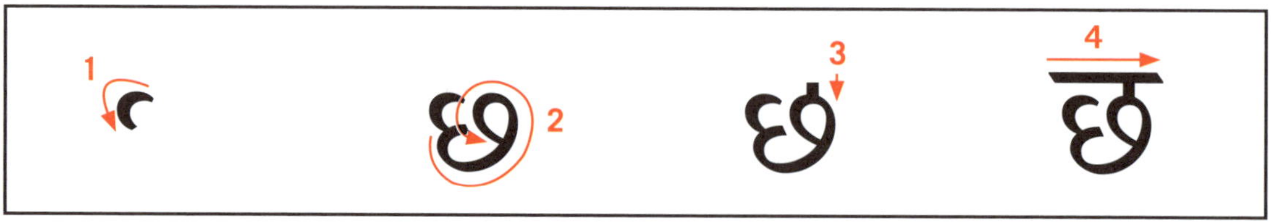

ज ja [dja]

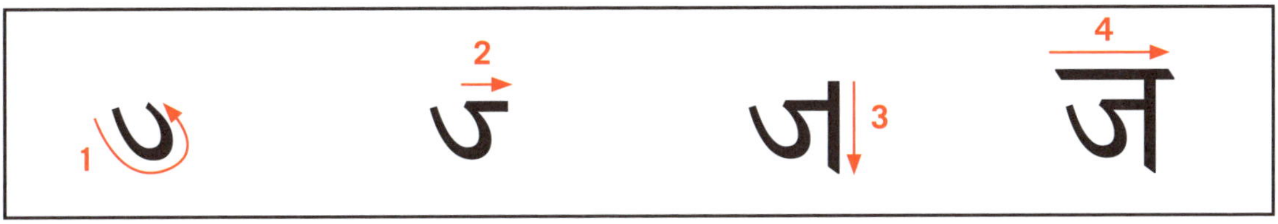

LES CONSONNES

झ jha [djha]

La lettre **jha** a une forme alternative, utilisée dans l'écriture traditionnelle झ.

LES CONSONNES

ट ṭa [ta]

La lettre ट **ṭa** ouvre la série des consonnes rétroflexes, une sourde, une sourde aspirée, une sonore, une sonore aspirée et une nasale. Le son n'existe pas en français et s'oppose aux dentales par la position de la langue : il faut la recourber en cuillère afin que le bout de la langue vienne frapper au-dessus des incisives supérieures, à l'avant du palais. Nous transcrivons ce son par un point souscrit dans la translittération et par l'italique en adaptation phonétique, il ressemble un peu au **t** de l'anglais *kettle*.

LES CONSONNES

ṭha [tha]

LES CONSONNES

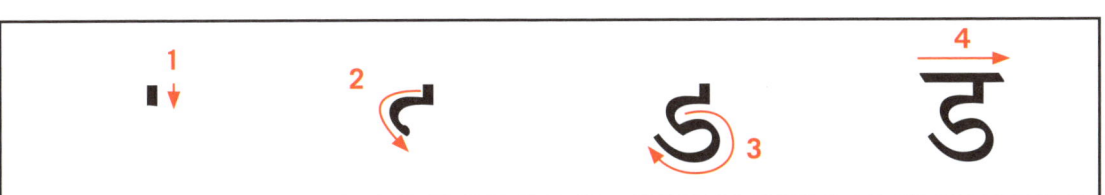

ड ḍa [da]

Prononcez la lettre ड comme le **d** de l'anglais *candle*.

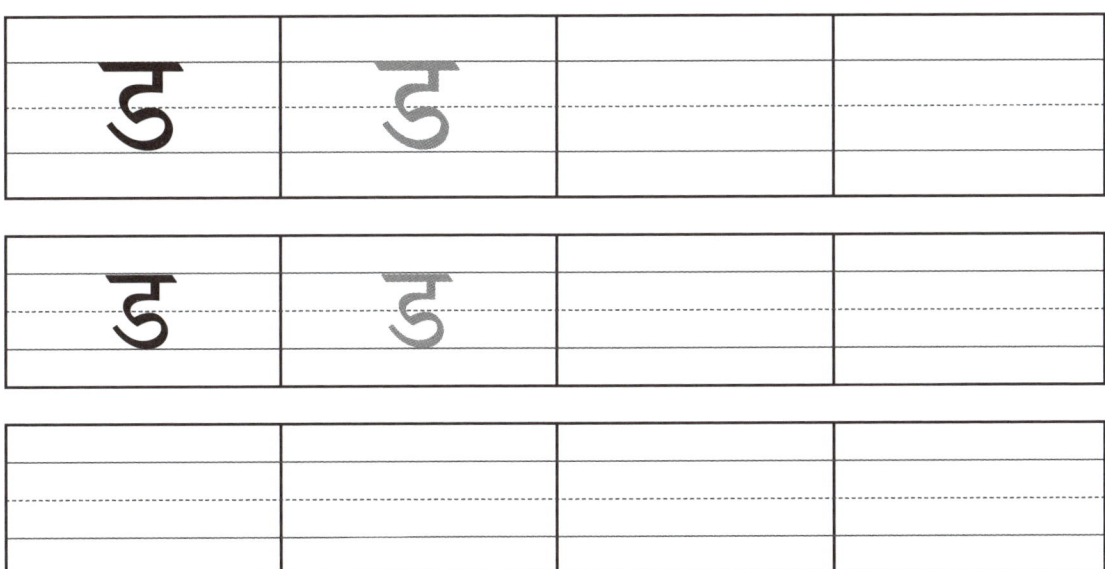

La même lettre avec un point souscrit correspond à un son claqué, le flap, un peu entre le **r** roulé, le **d** et le **l**, avec la langue bouclée en cuillère comme pour les autres consonnes rétroflexes.

LES CONSONNES

ढ ḍha [dha]

La même lettre avec un point souscrit correspond à un son claqué et aspiré, un flap aspiré : ढ़ ṛha.

LES CONSONNES

ण ṇa [na]

La nasale rétroflexe se prononce comme un **n** mais en recourbant la langue en cuillère pour que le bout de la langue vienne frapper la racine des dents. Graphie traditionnelle : ण.

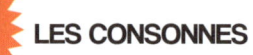

त **ta** [ta]

Cette lettre ouvre la série des consonnes dentales, comportant comme les précédentes une sourde, une sourde aspirée, une sonore, une sonore aspirée et une nasale.

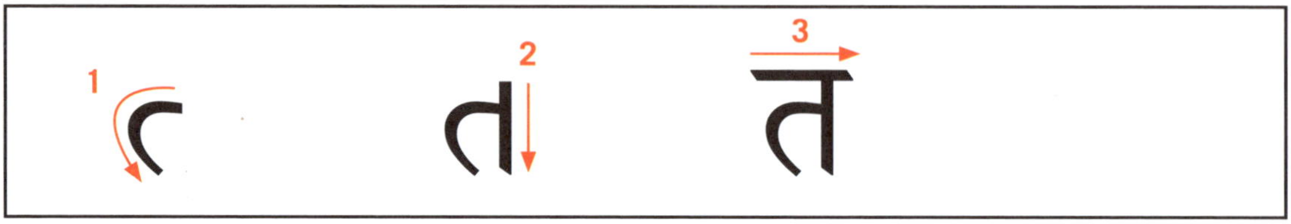

त	त		
त	त		
त	त		

थ tha [tha]

**LES CONSONNES**

द da [dha]

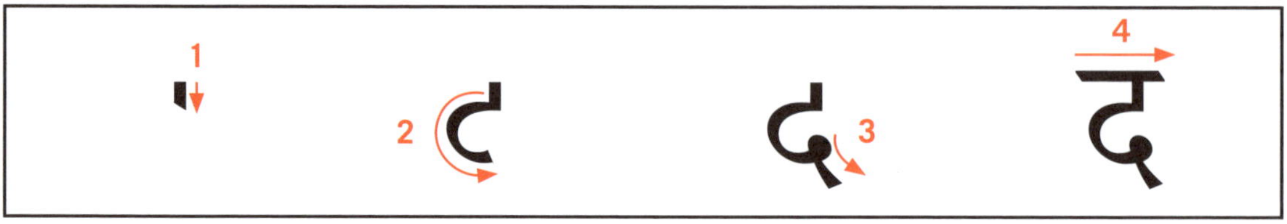

LES CONSONNES

ध dha [dha]

41

LES CONSONNES

न na [na]

LES CONSONNES

प **pa** [pa]

Cette lettre ouvre la série des labiales qui comporte, comme la précédente, deux sourdes, dont l'aspirée, deux sonores dont l'aspirée, et une nasale.

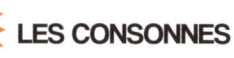

फ **pha** [pha]

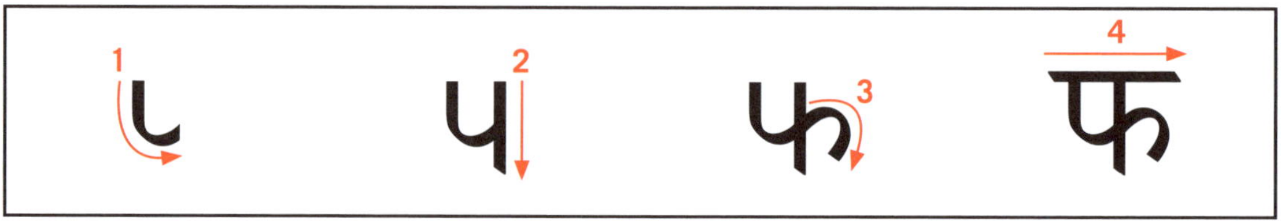

फ	फ		
फ	फ		
फ	फ		

Pour écrire **pha**, commencez par écrire un **pa** et continuez en redescendant à droite du trait vertical.

LES CONSONNES

ब ba [ba]

LES CONSONNES

भ bha [bha]

Cette consonne est suspendue à une barre horizontale ouverte sur la partie gauche. L'ouverture de la barre est très importante car elle permet de la distinguer d'une autre consonne.

LES CONSONNES

म ma [ma]

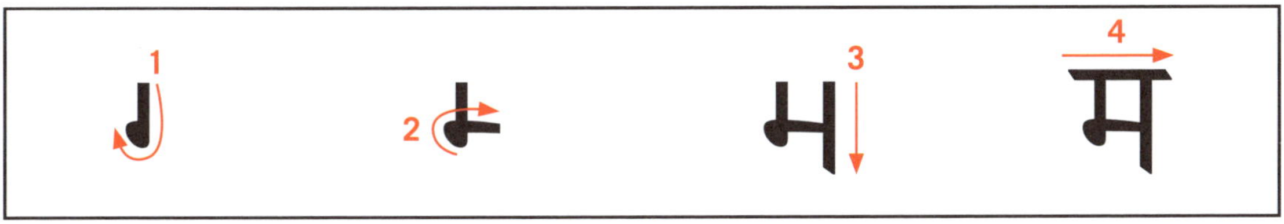

Attention à bien fermer la barre horizontale à laquelle est suspendu le caractère, sans quoi vous écrivez भ **bha**.

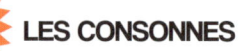

य ya [ya]

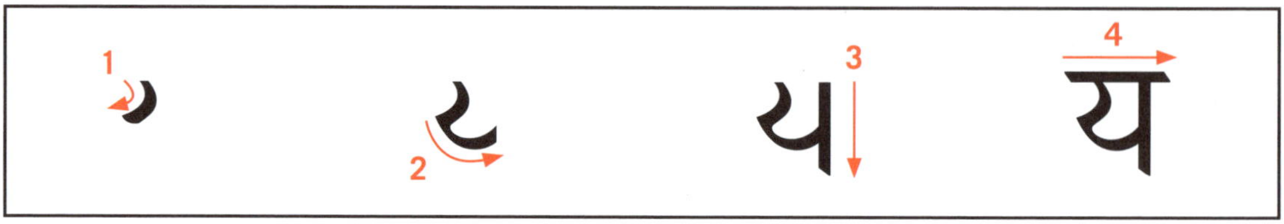

य	य		
य	य		
य	य		

Le son est celui du français **lle** dans *fille*, ou *paille*. En hindi, la lettre est considérée comme consonne et non comme semi-voyelle (ou semi-consonne).

LES CONSONNES

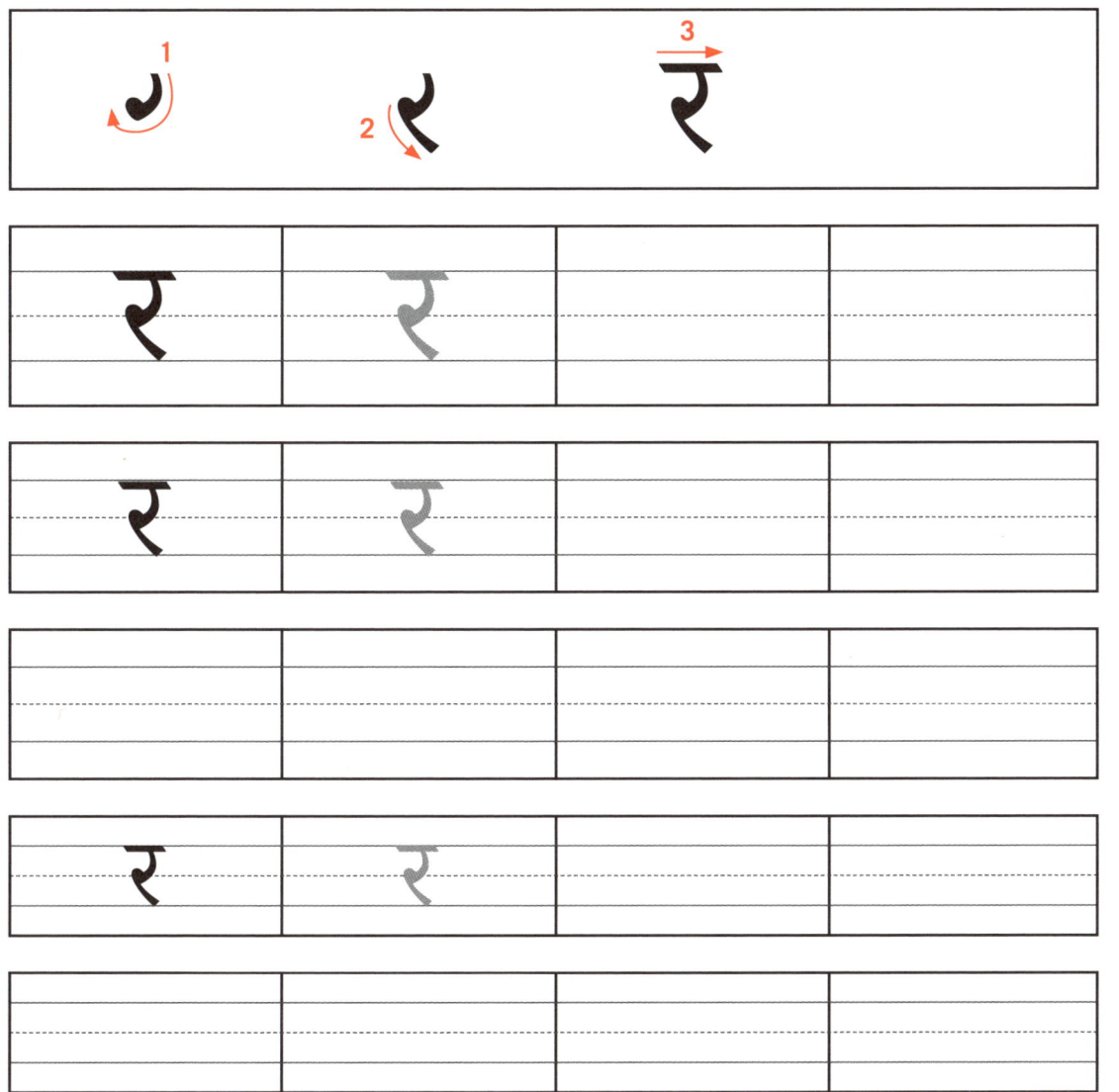

Le **r** est roulé comme en espagnol ou en italien.

LES CONSONNES

ल la [la]

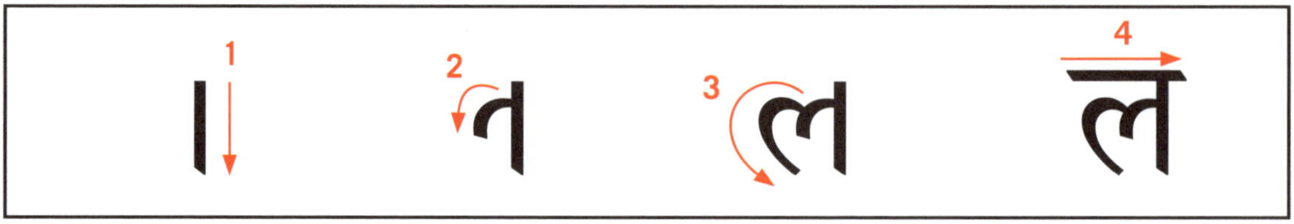

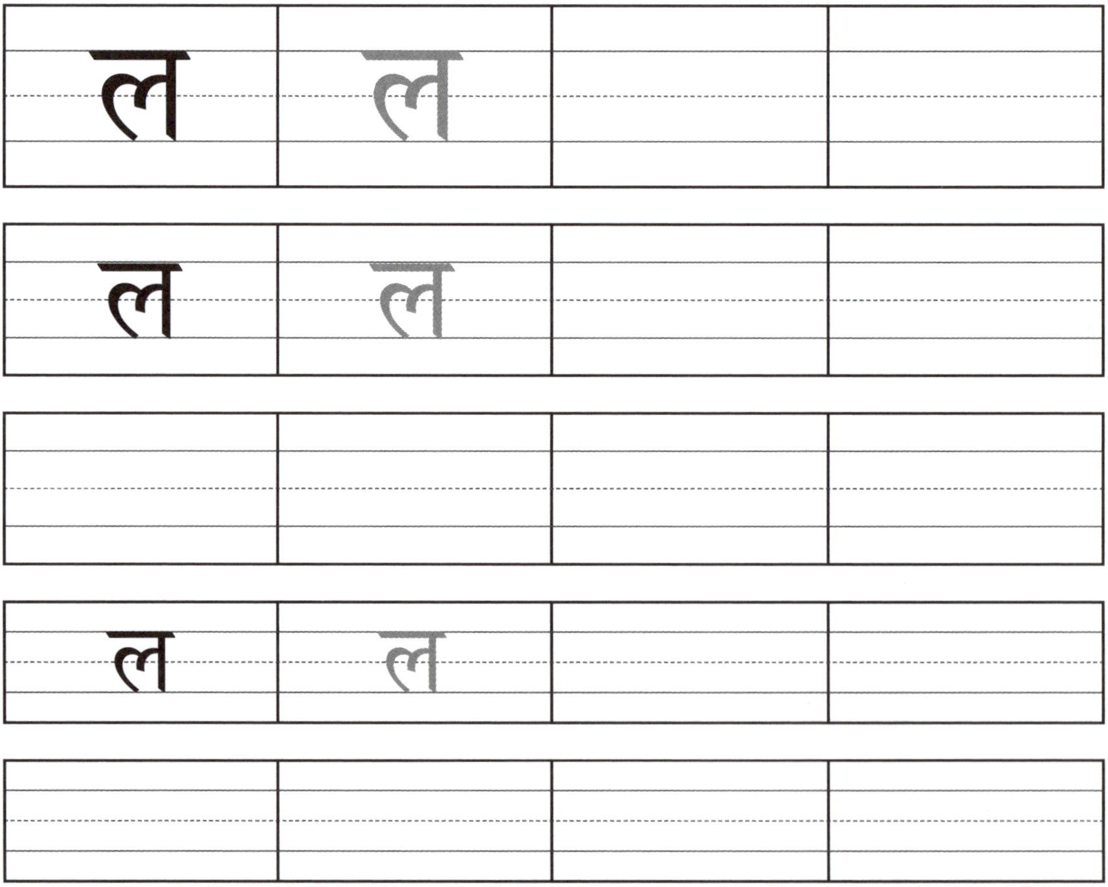

La lettre peut aussi s'écrire dans la graphie traditionnelle ल.

LES CONSONNES

व va [va]

Cette lettre se prononce entre la consonne **v** et la semi-voyelle **w**, selon sa position dans le mot. Il faut laisser passer l'air entre les lèvres et non appuyer les dents du haut contre la lèvre inférieure.

51

LES CONSONNES

श śa [cha]

LES CONSONNES

ष ṣa [cha]

Cette consonne se prononce aujourd'hui le plus souvent comme la précédente, mais, en sanskrit, elle était rétroflexe. C'est une lettre qu'on ne trouve que dans les mots sanskrits.

स sa [sa]

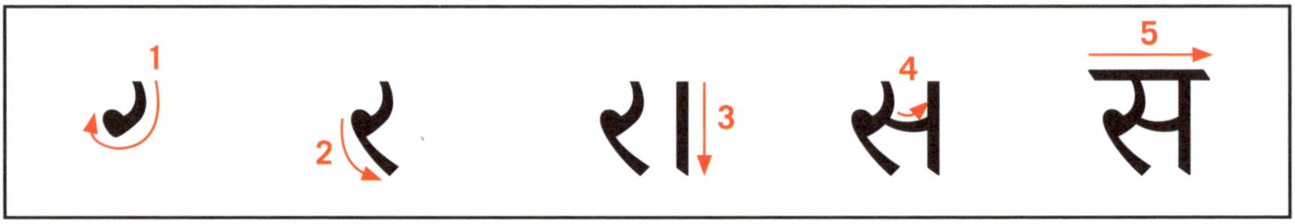

LES CONSONNES

ह ha [ha]

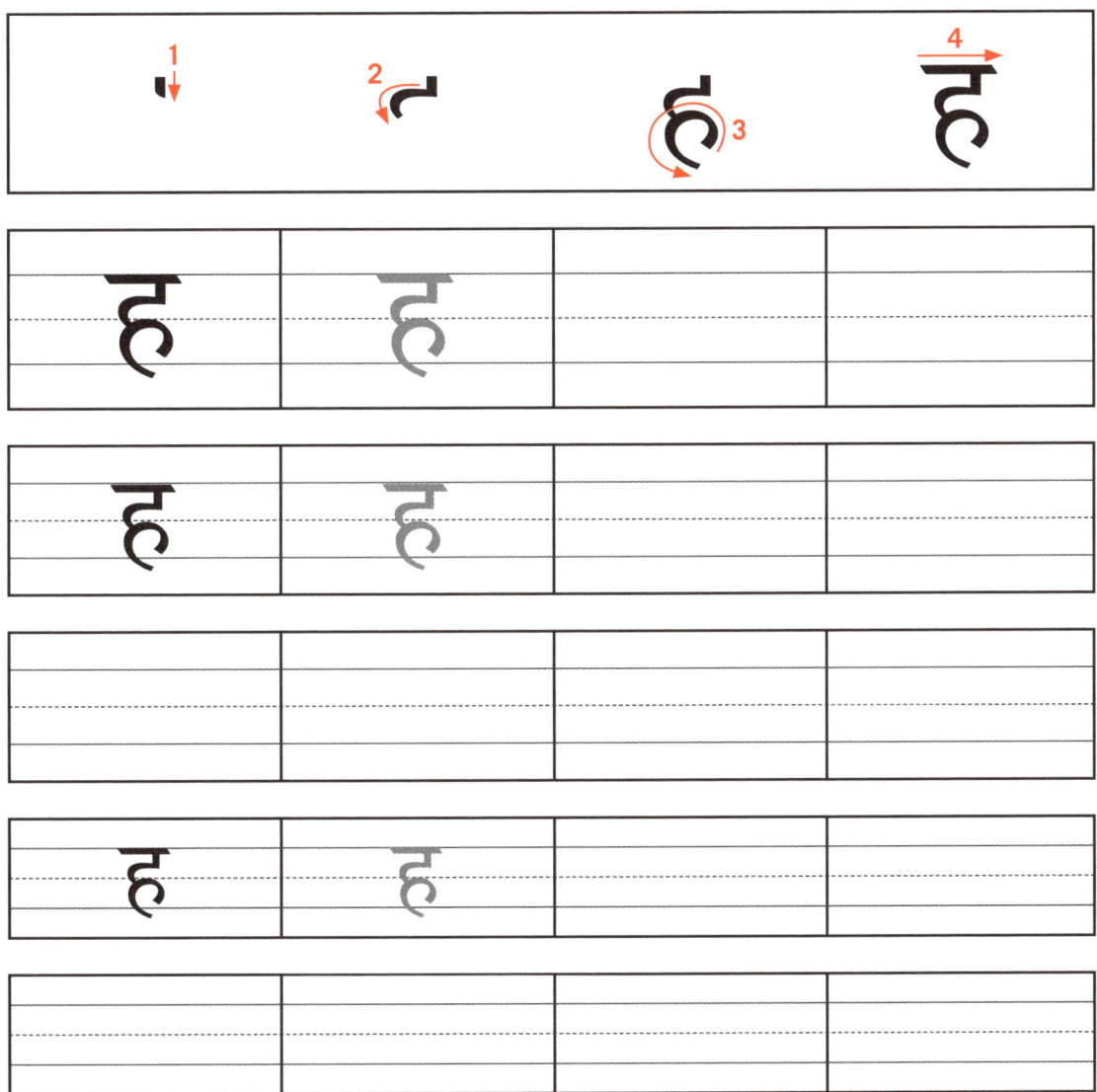

Dernière lettre de l'alphabet, la consonne aspirée sonore **h** a un correspondant sourd, **ḥ**, qu'on ne trouve que dans les mots sanskrits et qui est rarement prononcé, noté avec un signe ressemblant à nos deux points, le **visarga** : प्रायः **prayaḥ** *souvent*.

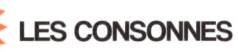

क्ष kṣa [kcha]

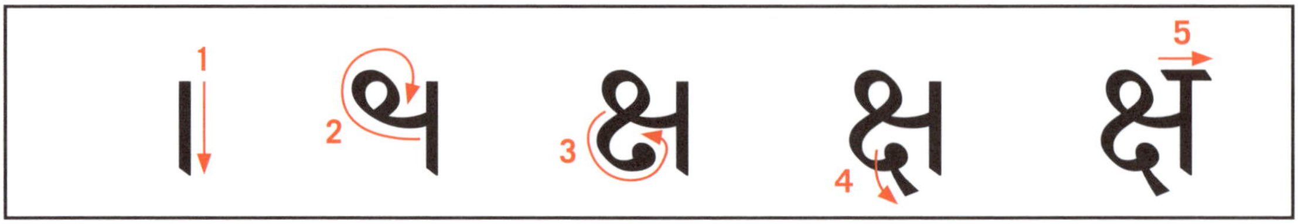

क्ष	क्ष		
क्ष	क्ष		
क्ष	क्ष		

Cette lettre, qui ne se trouve que dans les mots sanskrits, n'a pas une entrée séparée dans le dictionnaire et on la trouve dans l'entrée **क k**.

LES CONSONNES

ज्ञ gya [guya]

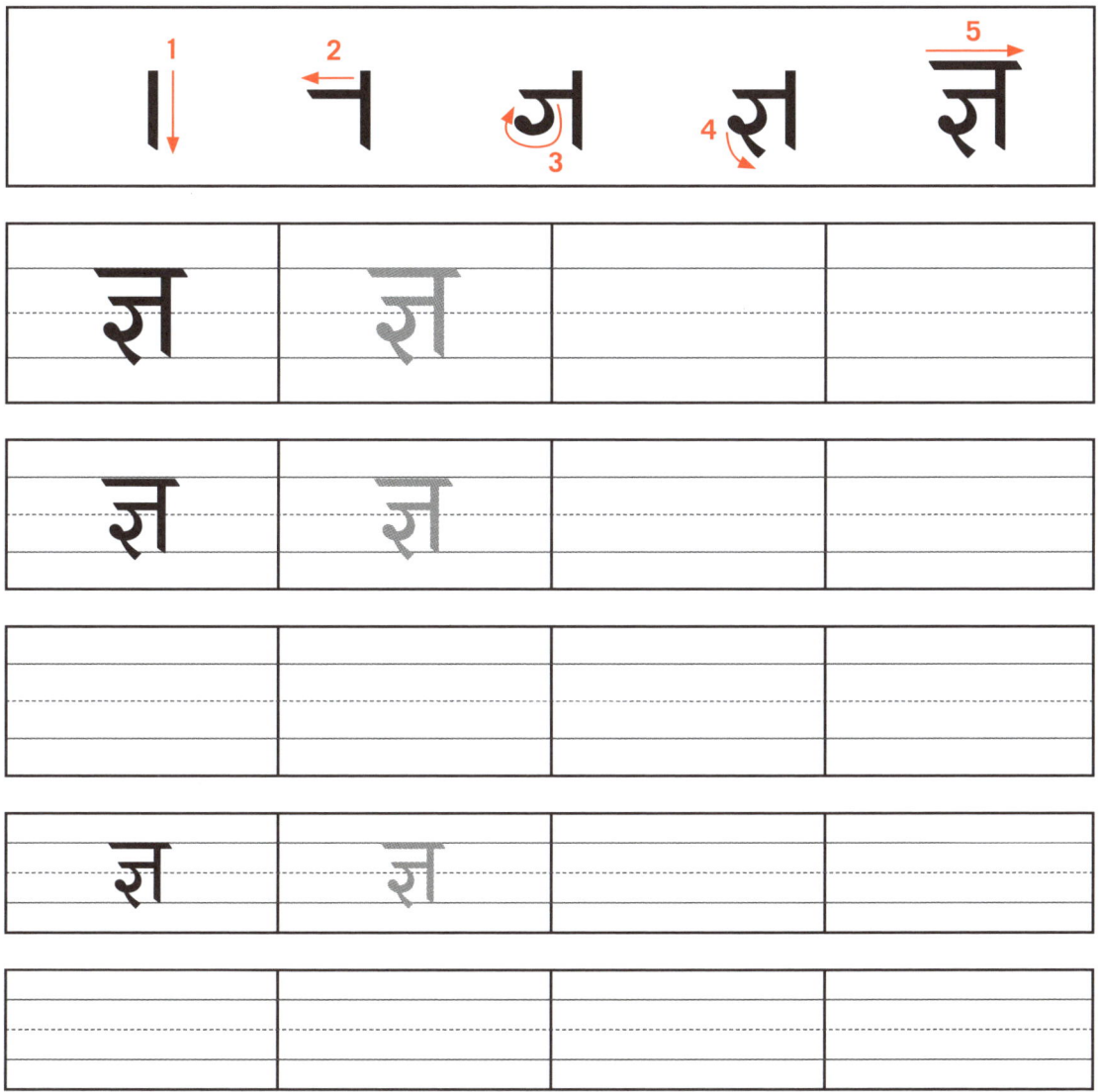

Encore une lettre propre au sanskrit, où elle se prononçait [djnya]. Considérée comme la précédente comme une combinaison complexe, elle figure dans le dictionnaire à l'entrée ज j.

Le *noukta* et les sons empruntés

Vous connaissez le *noukta* (नुक़्ता **nuqtā**), ou point souscrit, lorsqu'il différencie certaines consonnes rétroflexes (voir p. 35-36). Il marquait qu'on avait affaire à une variante, en fait positionnelle, et sans entrée spécifique dans le dictionnaire car aucun mot ne commence par les « flaps ». Le *noukta* sert également à transcrire des sons étrangers au système indigène, arrivés dans la langue avec les emprunts à l'arabe et au persan. Deux d'entre eux sont désormais bien intégrés et prononcés par tous les locuteurs du hindi standard : le son **f** et **z**, qui s'écrivent avec un *noukta* sous les lettres **pha** et **ja** respectivement.

fa [fa]

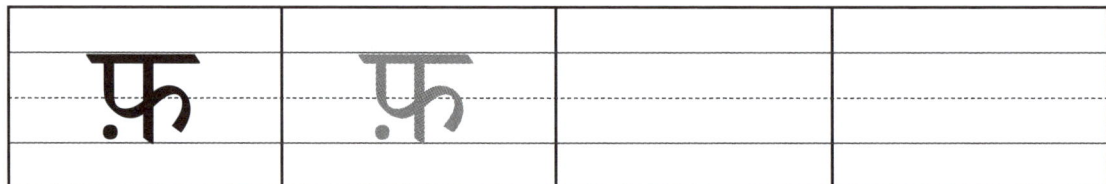

za [za]

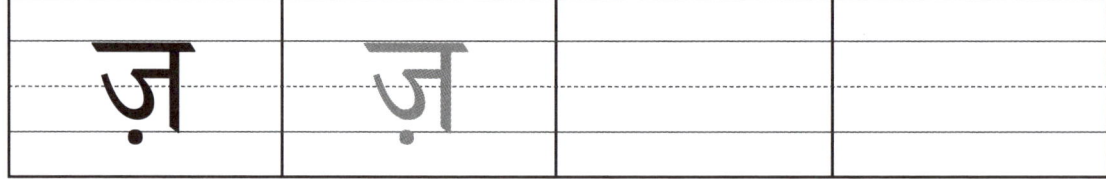

Trois autres sons sont soit prononcés comme les gutturales correspondantes sans *noukta*, soit prononcés plus en arrière :

- क़ **qa** [ka, qa], la vélaire sourde de l'arabe *qaf* ;
- ख़ **kha** [kha/Xa], la vélaire aspirée, prononcée un peu comme la *jota* espagnole ou le *ch* de l'allemand *achtung* ;
- ग़ **ga** [g] prononcé un peu comme le **r** dit parisien, légèrement grasseyé et très doux.

Aucune de ces lettres n'a d'entrée spécifique dans le dictionnaire et on ne les trouve que dans les mots empruntés à l'arabe ou au persan (voire à l'anglais pour **f** et **z**).

> Les *noukta* tendent à disparaître avec la simplification moderne.

Les consonnes suivies d'une voyelle

Quand une consonne est liée à une voyelle (et non suivie de son **a** bref « inhérent »), la voyelle prend une forme abrégée qu'on appelle *matra* (मात्रा **mātrā**) ou signe additionnel. Il peut s'écrire à la suite de la consonne (**ā**, **ī**, **o**, **au**), avant la consonne (**i**), en dessous de la consonne (**u**, **ū**) ou au-dessus de la consonne (**e**, **ai**). Les pages qui suivent présentent les voyelles de la même famille (la brève ou fermée, la longue ou ouverte, la nasale) sur la même page, car les tracés ne diffèrent en général que par un trait.

LES CONSONNES SUIVIES D'UNE VOYELLE

La barre du a

Le **ā** [â] s'écrit sous la forme d'une simple barre verticale après la consonne et la nasalisation est la même qu'avec la forme pleine de la voyelle, le petit croissant de lune contenant un point ou *chandra bindu* qui se transcrit par le tilde dans la translittération standard, comme au-dessus d'une voyelle indépendante.

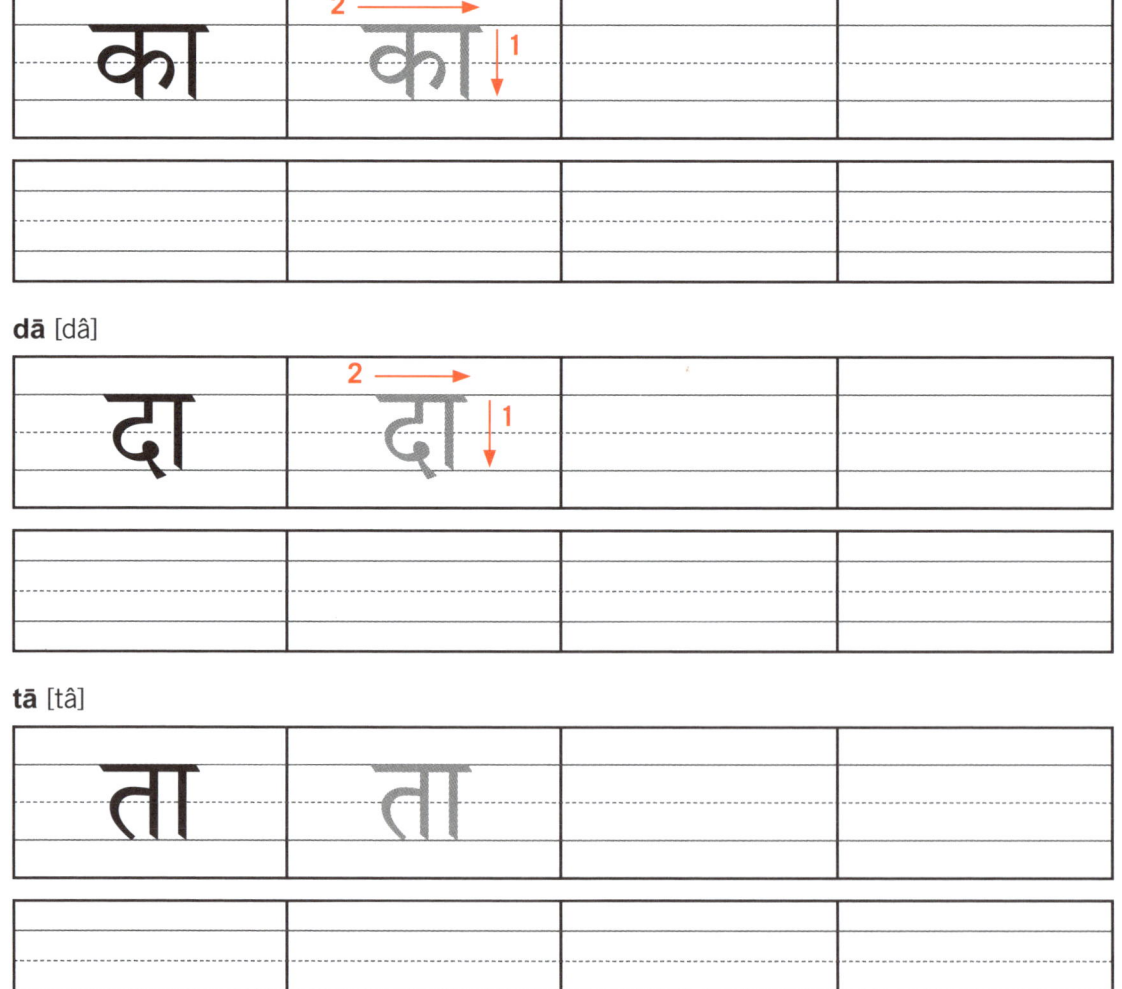

kā [kâ]

dā [dâ]

tā [tâ]

LES CONSONNES SUIVIES D'UNE VOYELLE

kã [kâ-n]

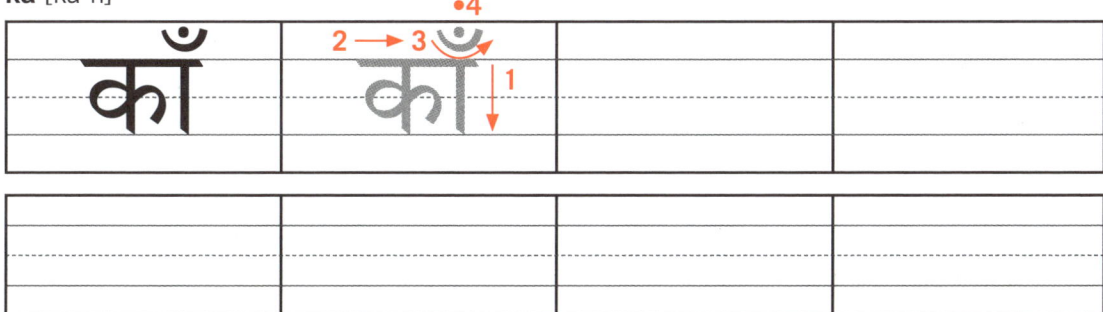

La voyelle propre à la transcription du **a** ou **o** de l'anglais se transcrit par une barre verticale après la consonne surmontée du même petit croissant sans point que dans l'écriture de la voyelle indépendante.

kā [kâ]

Comme le **a** bref ne s'écrit pas après une consonne, pour transcrire un **a** bref nasalisé, on place directement le *chandra bindu*, signe de nasalisation, au-dessus de la consonne.

kã [kan]

LES CONSONNES SUIVIES D'UNE VOYELLE

La canne du i

> Le matra du **i** bref se place avant la consonne, et celle du **i** long après. La nasalisation dans les deux cas se transcrit par un simple point *(bindu)*, car le signe de la voyelle dépasse la ligne supérieure.

ki [ki]

kī [kî]

kĩ [kin]

kī̃ [kîn]

LES CONSONNES SUIVIES D'UNE VOYELLE

La plume du e

ke

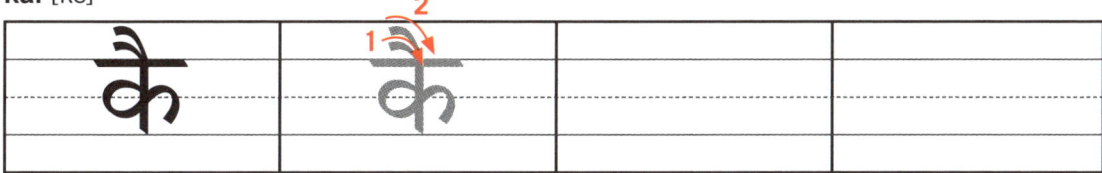

kai [kè]

kẽ [kén]

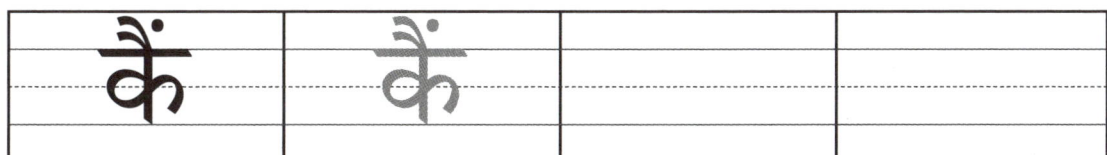

kaĩ [kèn]

> N'oublions pas la voyelle, rare mais prestigieuse car elle figure exclusivement dans les mots sanskrits (voir p. 15) **ṛ**. Aujourd'hui prononcée [ri] en hindi, elle a la forme d'une simple cédille quand elle est combinée à une consonne. La cédille s'attache au point le plus bas du tracé de la consonne : कृ **kṛ** [kri], दृ **dṛ** [dri], तृ **tṛ** [tri].

kṛ [kri]

LES CONSONNES SUIVIES D'UNE VOYELLE

La boucle ouverte du u

ku [kou]

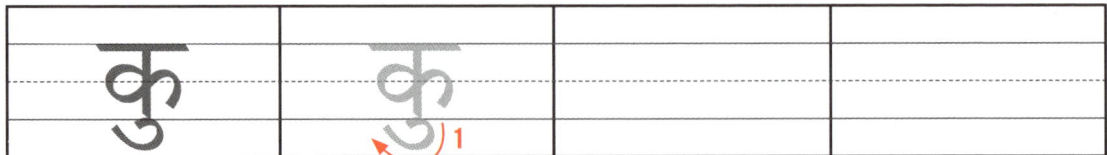

kū [koû]

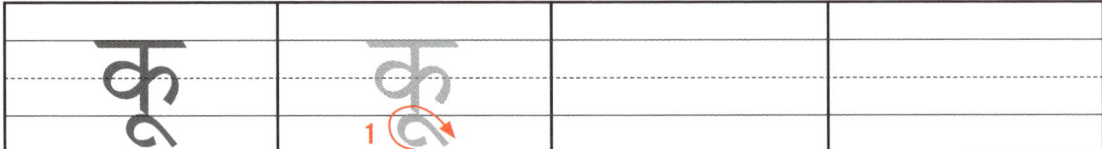

kũ [kou]

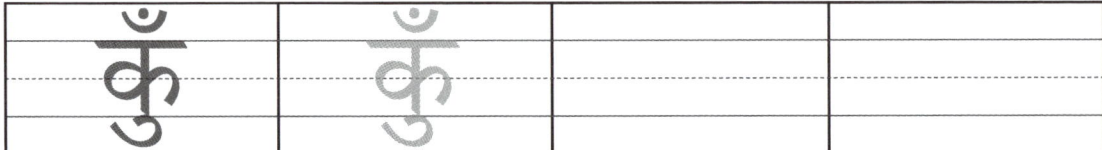

kũ [koûn]

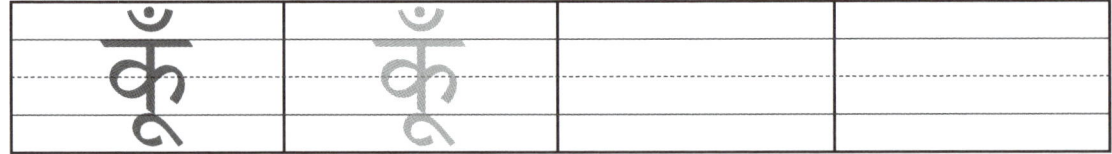

C'est la seule voyelle, longue ou brève, qui se souscrit à la consonne, sous la forme d'une boucle ouverte vers la gauche pour la brève et vers la droite pour la longue. Sa nasalisation reste au-dessus de la ligne.

LES CONSONNES SUIVIES D'UNE VOYELLE

La barre à plume du o

ko [ko]

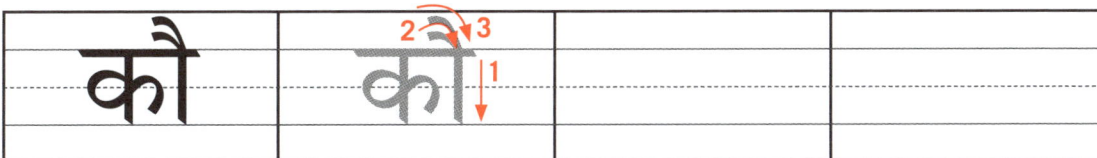

kau [kɔ]

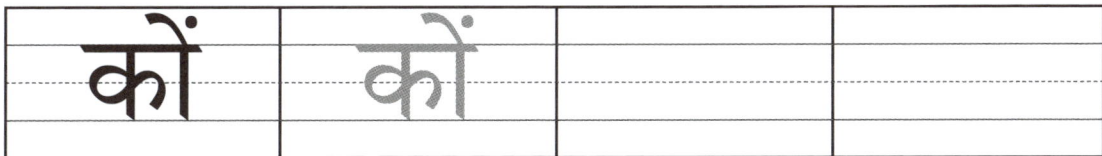

kõ [kon]

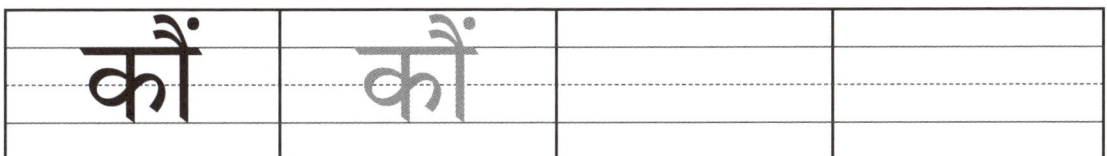

kaũ [kɔn]

को	को		

Le tracé est celui de la forme abrégée (matra) de **ā** surmontée de celui de **e**. Comme pour le **e**, la nasalisation est représentée par un simple point.

LES CONSONNES SUIVIES D'UNE VOYELLE

r avec u

ru [rou]

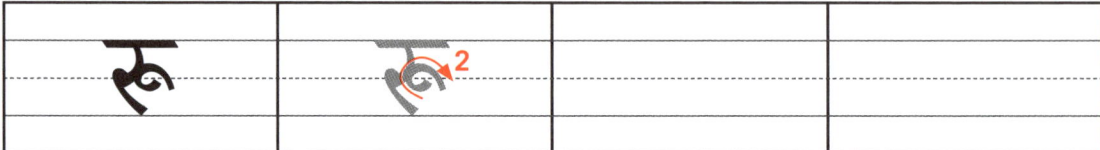

rū [roû]

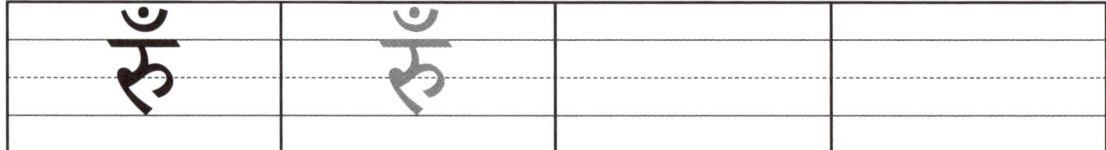

rũ [roun]

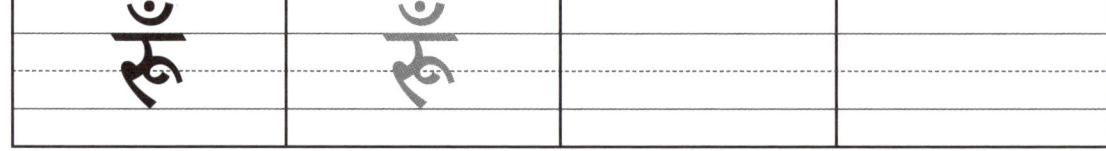

rũ [roûn]

> La voyelle **u** combinée à la consonne **r** se met dans le corps de la lettre et non en dessous. Le signe de nasalisation reste au-dessus de la ligne horizontale.

LES CONSONNES SUIVIES D'UNE VOYELLE

Exercices

1 Combinez les consonnes et les voyelles.

a. व + ओ = vo
b. द + ई = dī
c. थ + ए = the
d. म + आँ = mā̃

e. श + ऐ = śai
f. य + आ = yā
g. म + ऍ = mẽ
h. त + ऋ = tṛ

2 Déchiffrez les combinaisons suivantes.

a. घी
b. ला
c. सो
d. सौ

e. तू
f. ने
g. मैं
h. थीं

▶ Voir réponses page 127.

Les consonnes suivies d'une consonne

Lorsqu'une consonne est liée à une autre consonne, le principe de base est le suivant : la première consonne s'abrège et la seconde garde sa forme pleine.

Pour les premières consonnes dont le tracé se finit par une barre verticale, cette barre disparaît et la seconde consonne en prend la place. Ainsi स **s** + म **m** s'écrit avec un **demi-s** suivi d'un **m** entier : स्म ; ग **g** + न **n** = ग्न ; ख **kh** + त **t** = ख्त ; त **t** + स **s** = त्स ; श **ś** + य **y** = श्य ; ण **ṇ** + ट **ṭ** = ण्ट ; न **n** + त **t** = न्त.

Pour les consonnes qui comportent une barre verticale centrale, la partie du dessin qui dépasse à droite de la barre s'abrège et enchaîne directement sur le dessin de la seconde consonne. Ainsi क **k** + ल **l** = क्ल ; फ़ **f** + त **t** = फ़्त.

Ce principe de lien des consonnes est très important car il permet de bloquer le **a** « inhérent » à la première consonne et de réaliser graphiquement les séquences orales de consonnes sans voyelle intermédiaire. Nous verrons les exceptions plus loin en étudiant les mots.

Les consonnes rondes s'abrègent plus difficilement et prennent soit des formes spéciales que nous verrons au cas par cas, soit sont suivies d'une petite barre oblique qui « bloque » le **a** inhérent. La combinaison de **r** avec une autre consonne, suivante ou précédente, suppose également plusieurs solutions que nous verrons en détail. Enfin, certaines combinaisons sont si particulières qu'elles représentent presque des lettres à part.

> **kt** a deux graphies : क्त et क्त. **gn** a deux graphies : ग्न et ग्न.

LES CONSONNES SUIVIES D'UNE CONSONNE

Première consonne finissant par un trait vertical

sva [sva/swa]

lha [lha]

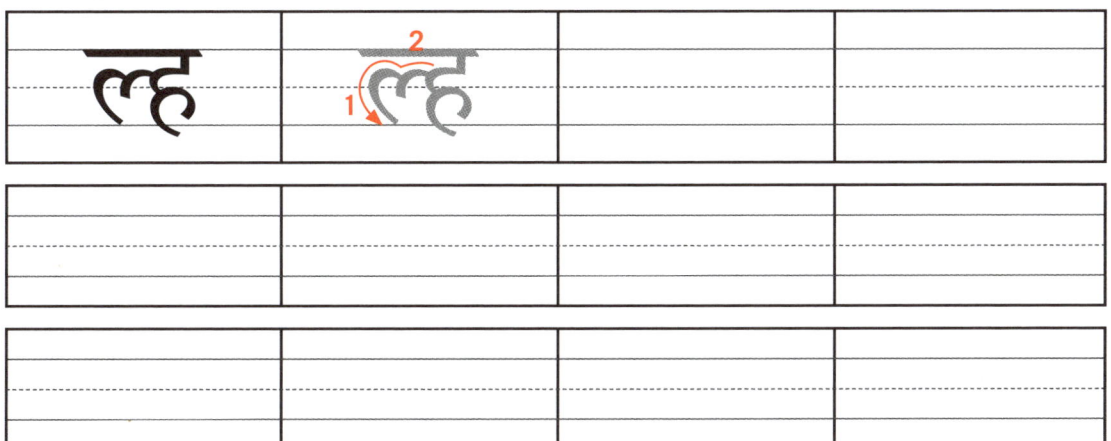

LES CONSONNES SUIVIES D'UNE CONSONNE

tma [tma]

तम	तम्		

jya [djya]

ज्य	ज्य		

Les combinaisons **nn** et **cc** ont une graphie moderne, horizontale (न्न, च्च) et une graphie traditionnelle, verticale (न्न, च्च).

LES CONSONNES SUIVIES D'UNE CONSONNE

gla [gla]

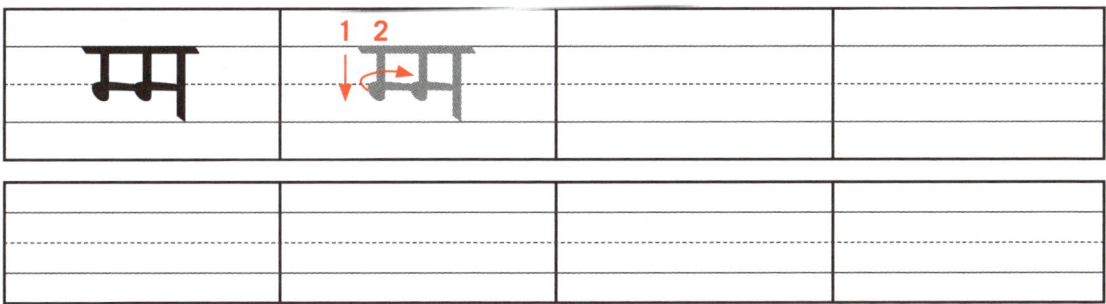

La lettre combinée **gla** a une graphie plus traditionnelle où les deux consonnes sont disposées verticalement : ग्ल.

mma [mma]

bhya [bhya]

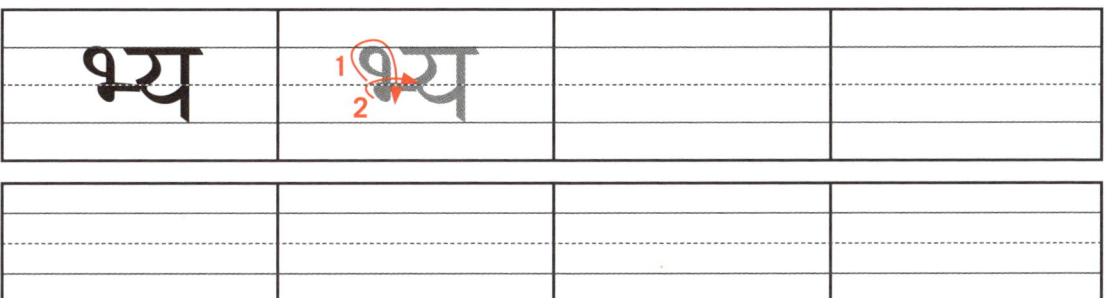

LES CONSONNES SUIVIES D'UNE CONSONNE

Première consonne comportant un trait vertical central

kya [kya]

phla [phla]

kśa [kcha]

LES CONSONNES SUIVIES D'UNE CONSONNE

Exercice

3 Combinez les lettres suivantes et, si vous êtes courageux, transcrivez le résultat sur le modèle du premier exemple.

a. न त = न्त nta   f. स थ आ = ...

b. क श = ...   g. प ल ऊ = ...

c. ख व = ...   h. क य आ = ...

d. ल क = ...   i. त म ई = ...

e. स न ए = ...   j. क ल ओ = ...

▶ Voir réponses page 127.

LES CONSONNES SUIVIES D'UNE CONSONNE

Le signe de halant ou suspension

Les consonnes rondes, difficiles à abréger, gardent leur forme mais sont suivies d'une petite barre oblique souscrite appelée हलंत **halant** *suspension*, ou sont disposées, à l'ancienne, à la verticale.

ṭṭa [tta]

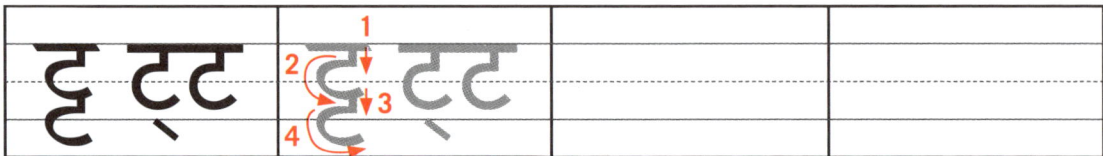

ṭṭha [ttha]

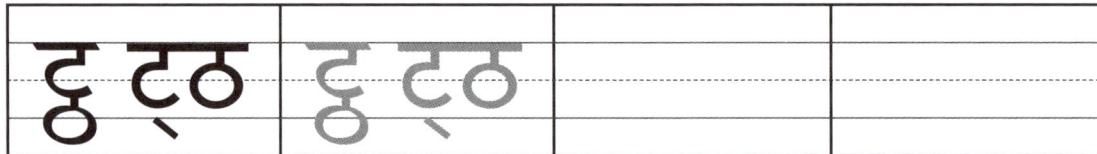

dna [dna]

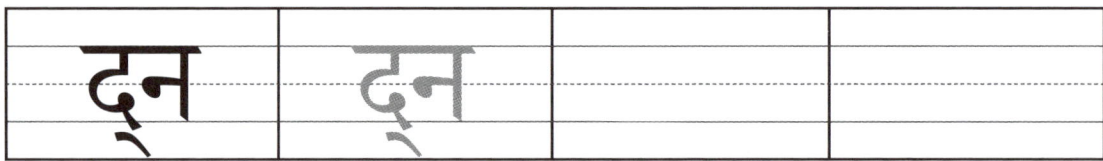

dda [dda]

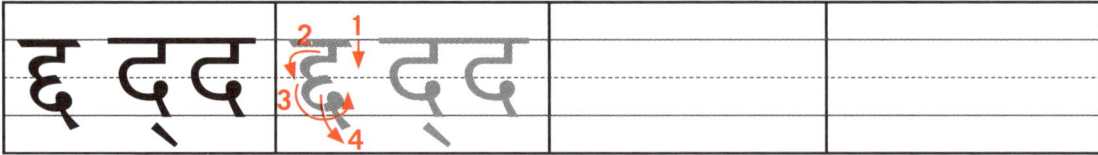

LES CONSONNES SUIVIES D'UNE CONSONNE

Les combinaisons de r

> Lié à la consonne précédente, **r** s'écrit par une petite barre oblique dans le corps de la lettre, ou un accent circonflexe sous une consonne ronde.

kr [kra]

pr [pra]

dr [dra]

ṭr [tra]

ṭṭh [tha]

LES CONSONNES SUIVIES D'UNE CONSONNE

Les combinaisons de r (suite)

Quand il précède la consonne à laquelle il se lie, **r** prend la forme d'un petit crochet au-dessus de cette consonne. Quand cette consonne elle-même est suivie d'une voyelle, le crochet se place au-dessus de cette voyelle, bien que **r** soit prononcé avant la syllabe. Cela vous rappelle que l'unité lettre, l'*akshara*, comporte non seulement la consonne, mais la voyelle qui la suit sous forme de *matra*. Deux consonnes liées constituent un même *akshara*.

rk [rka]

क्र

rkā [rkâ]

र्का

rko [rko]

र्को

LES CONSONNES SUIVIES D'UNE CONSONNE

Les combinaisons spéciales

> Dans ces combinaisons de consonnes, aucune ne garde sa forme originelle, si bien qu'on les considère parfois comme des lettres en soi, bien qu'elles n'aient pas d'entrée propre dans le dictionnaire et se placent respectivement dans l'entrée त t et dans l'entrée श ś. En règle générale, les mots commençant par des consonnes liées se trouvent à l'entrée de la lettre qui est leur première consonne, à la suite des mots comportant cette consonne suivie de voyelle.

tra [tra]

śra [chr]

LES CONSONNES SUIVIES D'UNE CONSONNE

द्व dva et द्ध ddha

> Le cas de la lettre **da** dans ces combinaisons est unique car elle ne s'abrège pas, et c'est la seconde consonne qui s'abrège : le contraire des combinaisons ordinaires ! On commence donc par tracer le **d** et ensuite on accroche dans sa moitié inférieure la seconde consonne abrégée.

dva [dva]

ddha [ddha]

LES CONSONNES SUIVIES D'UNE CONSONNE

Autres cas : tta, dma, dya

tta [tta]

dma [dma]

dya [dya]

Ces trois lettres peuvent s'écrire avec un halant : त्त, द्म, द्य.

LES CONSONNES SUIVIES D'UNE CONSONNE

Comment écrire une double consonne aspirée ?

> Alors que les consonnes non aspirées suivent les règles que nous avons vues quand elles sont redoublées (**न्न nna**, **च्च cca**), les consonnes aspirées s'écrivent avec la première consonne non aspirée sous sa forme abrégée, et la seconde consonne aspirée sous sa forme entière. On prononce avec une attaque particulièrement renforcée, comme pour toutes les consonnes redoublées.

ppha [ppha]

ttha [ttha]

ccha [ttchha]

LES CONSONNES SUIVIES D'UNE CONSONNE

kkha [kkha]

क्ख	क्ख		

Exercices

4 Attention au petit piège au dernier mot.

a. ब र आ = ...   f. द व ई = ...

b. ठ र ओ = ...   g. थ थ औ = ...

c. र स एँ = ...   h. छ छ ऊ = ...

d. र् ध आ = ...   i. त र आ = ...

e. द र ऐ = ...   j. त र अ = ...

5 Et le plus difficile pour la fin : un mot avec trois consonnes liées, et une combinaison plus subtile à deviner, qui comporte la suite r-u mais pas avec un r indépendant. Pouvez-vous trouver la solution ?

a. स त र ई = ...

b. ठ र ऊ = ...

▶ Voir réponses page 127.

Les consonnes nasales liées et l'*anusvara* अनुस्वर

C'est un des points les plus difficiles de l'orthographe hindie car il y a plusieurs graphies, dont l'une, le *bindu* ou point au-dessus de la ligne, peut se confondre avec la nasalisation des voyelles dont le tracé dépasse la ligne. Comme une voyelle nasale suivie de consonne se prononce souvent d'une façon très proche de la séquence voyelle + consonne nasale + consonne, c'est aussi l'occasion de « fautes d'orthographe ». Le problème est aujourd'hui résolu par l'adoption du point suscrit, le *bindu*, pour tous les cas de figure.

Mais, dans l'orthographe traditionnelle, encore partiellement en usage, une consonne nasale liée à une consonne de la même série articulatoire s'écrit avec sa forme abrégée. Normalement seule une consonne nasale de même série peut se combiner à une consonne qui la suit, une nasale vélaire et une consonne vélaire, une nasale dentale et une consonne dentale, etc. On appelle ce type de combinaison les consonnes homorganiques. Les exceptions ne se trouvent guère que dans des mots empruntés.

Nous avons vu trois consonnes nasales que vous savez abréger, ण ṇ, न n, म m. Il en existe deux autres, qui correspondent aux deux premières séries de consonnes, les vélaires et les affriquées palatales (série क k et च c), mais qu'on ne trouve jamais sous leur forme indépendante et qui n'ont pas d'entrée propre dans le dictionnaire, c'est pourquoi elles sont mentionnées entre parenthèses dans la présentation de l'alphabet.

Dans l'orthographe traditionnelle, devant une consonne vélaire (क, ख, ग, घ), la nasale abrégée s'écrit ainsi : ङ suivie du signe de halant : अङ्ग aṅg, अङ्क aṅk, अङ्ख aṅkh ; devant une consonne affriquée ou palatale (च, छ, ज, झ, श), elle a la forme abrégée de ञ sans le trait vertical : अञ्च añc, अञ्श añś, अञ्ज añj.

Cette orthographe est désormais très rarement utilisée, et remplacée systématiquement par le point suscrit : अंग अंक अंख, अंच अंश अंज.

Devant une consonne rétroflexe (ट, ठ, ड, ढ), une consonne dentale (त, थ, द, ध), ou une consonne labiale (प, फ, ब, भ), les formes abrégées de ण, न et म s'utilisent encore, mais sont de plus en plus souvent remplacées par le point suscrit, de sorte qu'on a deux orthographes en concurrence : अम्ब amb ou अंब ãb, अण्ड aṇḍ ou अंड ãḍ, अन्त ant ou अंत ãt. La prononciation est la même, la translittération suit l'orthographe de la nagari.

> Dans la norme simplifiée moderne, le *bindu* remplace aussi le *chandra bindu* : अँ ou अं ã̃, आँ ou आं ã̃, उँ ou उं ũ, ऊँ ou ऊं ū̃, etc., mais ce n'est pas systématique.

Quelques mots

Avec le bagage que vous avez désormais, vous pouvez théoriquement écrire tout ce que vous entendez, car l'orthographe reflète la prononciation. Le hindi ignore donc les règles compliquées de prononciation d'une langue comme le français, mais il est très important de bien distinguer les sons, notamment les voyelles brèves des longues, les consonnes aspirées des non-aspirées : nous présentons donc plusieurs sections de ce chapitre centrées sur les distinctions fondamentales.

En outre, si l'orthographe est théoriquement phonétique, la pratique enregistre l'histoire culturelle du pays. Comme tout le reste de l'Inde, la vaste zone hindiphone a connu une occupation turco-afghane et surtout moghole si prolongée que les mots des envahisseurs, devenus au cours des siècles des Indiens à part entière, se sont intégrés à la langue (comportant souvent un *noukta*).

Surtout, quantité de mots ont été réempruntés au sanskrit ou fabriqués à partir de mots sanskrits. Ces mots, orthographiés phonétiquement en sanskrit, contiennent souvent des lettres qui avaient une prononciation spécifique mais l'ont perdue en hindi (ष ṣ श ś, [ch], la voyelle ऋ ṛ [ri]). C'est ce qu'on appelle les mots तत्सम् **tatsam** ou *tels que*, dont il faut savoir l'orthographe car les sons pourraient s'écrire autrement. C'est le cas par exemple de अमृत **amṛt** *ambroisie* ou अक्षर **akṣar** *lettre*, ऋषि **ṛṣi** *sage voyant* ou *rishi*, qui s'écriraient phonétiquement (faute impardonnable pour des mots aussi chargés culturellement !) अमरित, रिशि et अक्शर.

QUELQUES MOTS

Quelques mots comportant des voyelles entières

āo [âo] *viens*

आओ	आओ		

āie [âyé] *venez*

आइए	आइए		

āī [â-î] *venue*

आई	आई		

āe [â-é] *venus*

आए	आए		

QUELQUES MOTS

ek [ék] *un*

एक	एक		

ũṭ [oûnt] *chameau*

ऊँट	ऊँट		

ā̃kh [ânkh] *œil*

आँख	आँख		

ṛṣi [richi] *grand saint voyant*

ऋषि	ऋषि		

> Une voyelle qui suit une autre voyelle garde sa forme indépendante : कोई **koī** [ko.î] *quelqu'un*, जाओ **jāo** [djâ.o] *va*, कई **kaī** [ka.î] *quelques*, कुआँ **kuā̃** [kouân] *puits*.

QUELQUES MOTS

Quelques mots formés seulement de consonnes

> Une consonne entière suivie d'une autre consonne se prononce suivie d'un **a** bref, ce qui justifie la désignation de l'alphabet comme alphasyllabaire, sauf une consonne finale, qui n'est pas suivie de **a**.

kamal *lotus*

कमल	कमल		

samajh [samadjh] *compréhension*

समझ	समझ		

saṛak [sarak] *rue*

सड़क	सड़क		

śahar [chahar] *ville*

शहर	शहर		

camak [tchamak] *éclat*

चमक	चमक		

QUELQUES MOTS

> Pourtant, de nombreux mots comportent des séquences de consonnes qui excluent le **a** entre deux consonnes écrites.

gaṛbaṛ [garbar] *problème*

गड़बड़	गड़बड़		

aksar *souvent*

अकसर	अकसर	

laṛkā [larkâ] *garçon*

लड़का	लड़का		

kamrā [kamrâ] *pièce*

कमरा	कमरा		

bilkul [bilkoul] *vraiment*

बिलकुल	बिलकुल	

87

QUELQUES MOTS

Consonne aspirée ou non aspirée : deux mots différents

Ces paires de mots vous rappellent que les aspirées contrastent avec les non-aspirées.

pal *instant* / **phal** *fruit*

पल	पल		
फल	फल		

cal [tchal] *marche* / **chal** [tchhal] *ruse*

चल	चल		
छल	छल		

tak *jusque* / **thak** *fatiguer*

तक	तक		
थक	थक		

Il en va de même pour les rétroflexes et les non-rétroflexes : पर **par** signifie « *sur* », पड़ **paṛ** est le verbe « *tomber* ».

QUELQUES MOTS

Voyelle longue ou brève : deux sens distincts

un [oun] *eux*

ūn [oûn] *laine*

kam *peu*

kām [kâm] *travail*

La distinction vaut aussi pour les voyelles nasales : **में mẽ** *dans* contrairement à **मैं maĩ** *je*.

Voyelle longue ou brève : deux sens distincts (suite)

Ces paires de mots rappellent que les voyelles contrastent par la longueur et l'ouverture.

galī [galî] *ruelle*

गली	गली		

gālī [gâlî] *injure*

गाली	गाली		

mil *rencontre*

मिल	मिल		

mīl *unité de longueur (1,6 km)*

मील	मील		

Elles s'opposent aussi par la nasalisation : ne confondez pas सास **sās** *belle-mère* et साँस **sā̃s** *respiration*.

QUELQUES MOTS

Le *chandra bindu* (la lune et le point)

> **Cãdr** est le mot **tatsam** (sanskrit) correspondant au mot hindi moderne **cā̃d**. Même si aujourd'hui on tend à simplifier et à mettre des points partout, ne confondez pas l'**anusvara** *(bindu)* et l'**anunasika** *(chandra bindu)* : la différence de signe peut générer une différence de sens (हंस **hās** *cygne*, हँस **hans** *rire*).

cãdr-bĩdu [tcha-ndr bi-ndou] *lune-point*

चंद्र-बिंदु	चंद्र-बिंदु	

cā̃d [tcha-nd] *lune*

चाँद	चाँद		

ū̃glī [oû-nglî] *doigt*

ऊँगली	ऊँगली	

hĩdi [hin-dî]

हिंदी	हिंदी		

Écrire comme on prononce… ou presque

Vous savez déjà que le **a** dit inhérent à la consonne ne se prononce pas à la fin d'un mot. Il arrive aussi qu'il ne se prononce pas à l'intérieur d'un mot, soit dans des mots d'origine étrangère, comme बिलकुल **bilkul** *sûrement* (voir p. 87) qui vient de l'arabe, soit dans des mots bien indigènes mais comportant une syllabe redoublée, ou des dérivés, soit encore dans des mots de base. Ce dernier cas suit une règle simple : si une syllabe interne contient un **a** bref (non écrit) et que la syllabe suivante commence par une voyelle, ce **a** s'élide, un peu comme le **e** dit muet français parisien dans boulangerie [**bulājri**]. Ainsi le verbe निकलना **nikalnā** *sortir* comporte un a prononcé à la seconde syllabe de l'infinitif car elle est suivie d'une consonne, mais à l'impératif où cette même syllabe est suivie d'une voyelle, le **a** ne se prononce pas : निकलो **niklo** *sors !*, et de même au participe (निकला **niklā** *sorti*, निकली **niklī** *sortie*). Le nom असल **asal** *vérité* comporte également un **a** bref dans la seconde syllabe qui s'élide dans l'adjectif असली **aslī** *véritable*.

Exercice

6 **Exercez-vous à présent en transcrivant les mots suivants :**

a. समझना .... d. सड़कें ....

b. समझो .... e. कमल ....

c. सड़क .... f. कमलों ....

▶ Voir réponses page 127.

QUELQUES MOTS

Quelques mots contenant des consonnes liées

namaste *bonjour*

नमस्ते	नमस्ते		

kyā [kyâ] *quoi*

क्या	क्या		

ḍāktār [dâktâr] *médecin*

डॉक्टर	डॉक्टर		

pyār [pyâr] *amour*

प्यार	प्यार		

> Rappelez-vous qu'une consonne aspirée redoublée s'écrit avec la semi-consonne non aspirée suivie de l'aspirée.

acchā [attchhâ] *bon*

अच्छा	अच्छा		

QUELQUES MOTS

Noms de dieux

kṛṣṇ [krishna]

कृष्ण | कृष्ण | |

viṣṇu [vishnou]

विष्णु | विष्णु | |

buddh [bouddha]

बुद्ध | बुद्ध | |

Ces trois noms, difficiles à écrire, ne sont bien sûr pas les seuls du panthéon hindou – et **Bouddha** n'est d'ailleurs ni hindou ni une divinité –, mais ils sont très populaires. **Krishna**, l'espiègle dieu enfant, est une incarnation du dieu qui maintient en ordre la création, **Vishnou**, au même titre que **Rama** (राम **rām**), époux de la déesse **Sita** (सीता **sītā**). Le dieu de la destruction régénératrice, **Shiva** (शिव **śiv**) est un peu moins présent dans la dévotion populaire au nord de l'Inde à la différence de son fils le secourable **Ganesh** (गणेश **gaṇeś**) à la tête d'éléphant. Quant à **Bouddha**, il est vénéré aujourd'hui essentiellement par les Dalits, anciens « Intouchables ».

QUELQUES MOTS

Les mots de la foi

prem *amour*

प्रेम | प्रेम

dharm *religion*

धर्म | धर्म

prārthnā *prière*

प्रार्थना | प्रार्थना

mandir *temple*

मंदिर | मंदिर

mantra

मंत्र | मंत्र

Exercices

7 Déchiffrez les mots suivants et transcrivez-les sur la ligne inférieure (vous trouverez la traduction avec le corrigé).

a. आऊँ   ....
b. अनुनासिका   ....
c. हिन्दी (हिंदी)   ....
d. लम्बा (लंबा)   ....
e. ठण्डी (ठंडी)   ....
f. आँख   ....
g. जाऊँगा   ....
h. वर्षा   ....
i. अक्षर   ....
j. रामायण   ....

8 Écrivez les mots suivants.

a. **bolo**   *parle*   ....
b. **likho**   *écris*   ....
c. **bāt**   *chose*   ....
d. **cīnī**   *sucre*   ....
e. **karnā**   *faire*   ....
f. **mahābhārat** -   ....

▶ Voir réponses page 127.

Le *Mahabharata* et le *Ramayana* sont les deux plus célèbres épopées de la tradition hindoue.

Les mots empruntés

sirf *seulement*

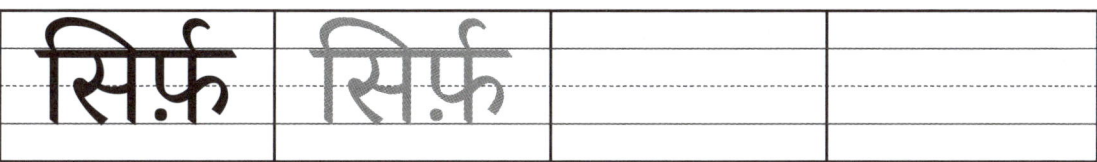

zarūr *sûrement*

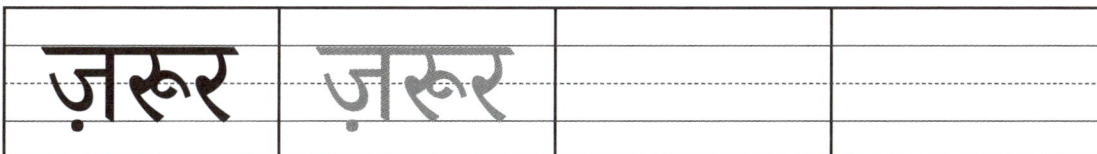

bāg *jardin*

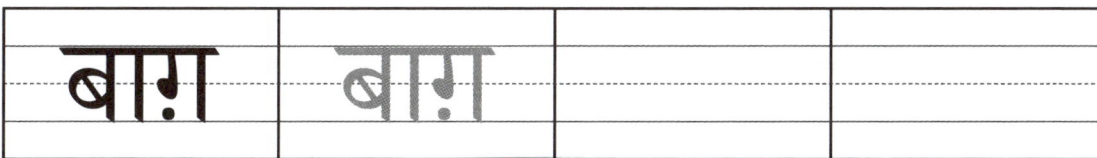

khūn *sang*

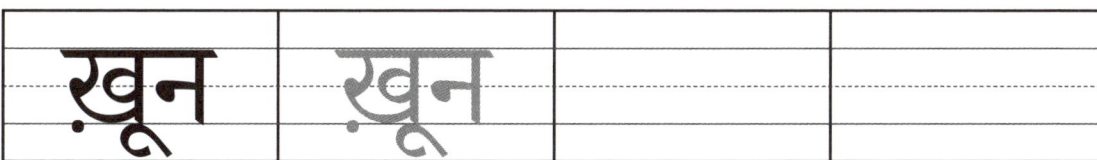

qalam *plume*

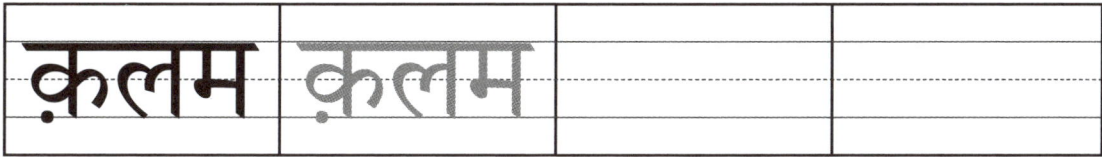

kāgaz *papier*

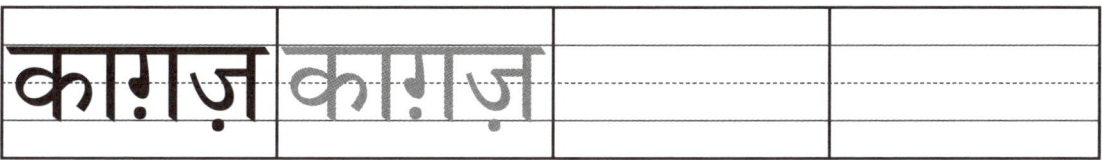

QUELQUES MOTS

Quelques mots dérivés et composés

hĩdustānī *indien/indienne*, langue hindoustanie

> Le mot हिंदुस्तानी **hĩdustānī** est un adjectif dérivé du nom हिंदुस्तान **hĩdustān**, l'*Hindoustan*. Il désigne plus particulièrement la langue commune partagée par le registre courant du hindi et de l'ourdou – celui du cinéma populaire.

svatātratā *indépendance, liberté* (soi-système-té)

> Le mot est dérivé de l'adjectif स्वतंत्र **svatātra**, *libre*, lui-même formé du nom तंत्र **tātra** (oui, comme le tantra !) *système*, précédé du préfixe स्व **sva-** *auto-*. Le suffixe -ता **-tā** *-té* nominalise l'ensemble. Sur le même mot तंत्र **tātrā**, on forme le composé nominal désignant aussi bien la république que la démocratie.

gaṇtātra *république* (peuple-système)

QUELQUES MOTS

ākāśvāṇī *All India Radio* (ciel voix)

आकाशवाणी आकाशवाणी

dūrdarśan *télévision* (loin vision)

दूरदर्शन दूरदर्शन

Ces deux mots sont des composés typiquement sanskrits (les termes sont sanskrits et ils sont soudés sans marque de dérivation), comme en a beaucoup créé le bureau de terminologie, dès les années 1950. À l'origine simple désignation du système, les mots en sont venus à désigner les chaînes de télévision et de radio publiques, avec la prolifération de chaînes privées. Le terme générique est l'anglais (telivizan, fon).

QUELQUES MOTS

adhyāpikā *professeure*

अध्यापिका

sãskṛti *culture*

संस्कृति

> Les deux mots précédents sont aussi bien du sanskrit que du hindi. Le premier a le suffixe sanskrit **-ikā** correspondant au masculin **-ak**, *qui fait* (अध्यापक **adhyāpak** celui qui fait étudier : *professeur*). Le second s'écrit presque comme संस्कृत **sāskṛt**, nom de la langue, qui signifie *bien fait, parfait*. Ce *qui est fait* est कृत **kṛt**, – la *création* (nominalisation) est कृति **kṛti** – et la chose bien faite, parachevée, c'est **sãskṛti** la *culture*. कृ **kṛ** est en effet le radical du verbe *faire*, qui a plusieurs formes selon le temps et le mode, dont **kar** (करना **karnā** signifie *faire* en hindi moderne) et कार्य **kārya**, *à faire*, qu'on doit faire, donc *la tâche, le travail*. À partir de cette dernière notion, on crée कार्यक्रम **kāryakram** *programme* (travail séquence).

La ponctuation

En hindi, la ponctuation utilise moins de signes et moins souvent. Originellement, on n'utilisait que la pause de fin de phrase (पूर्ण विराम **pūrṇ virām**) ou point final et le point d'interrogation (प्रश्न चिन्ह **praśn cinh**) et peu de virgules (अर्ध विराम **ardh virām**). Le signe de pause finale est le डंडा **ḍanḍā** । ; le double **ḍanḍā** ॥ marquait la fin d'une strophe.

Aujourd'hui, on utilise de plus en plus la ponctuation occidentale.

Quelques phrases

नमस्ते, तुम कैसे/कैसी हो ? मैं ठीक हूँ ।

namaste, tum kaise/kaisī ho ? maĩ ṭhīk hũ.
Bonjour, comment vas-tu (masculin/féminin) *? Je vais bien.*
(bonjour, tu comment (masculin/féminin) es ? je bien suis.)

....

....

....

....

....

> Sauf emphase particulière, le verbe se place à la fin de la phrase, pas seulement dans l'interrogative.

QUELQUES PHRASES

आपका नाम क्या है ?

āpkā nām kyā hai ?
Comment vous appelez-vous ?
(votre nom quoi est ?)

....

....

....

....

....

QUELQUES PHRASES

मेरा नाम सोनिया शर्मा / राजन गुप्ता है ।

merā nām Sonia Sharmā / Rājan Guptā hai.
Je m'appelle Sonia Sharma / Rajan Gupta.
(mon nom Sonia Sharma / Rajan Gupta est.)

QUELQUES PHRASES

क्या आप भारत में रहते हैं ? जी हाँ ।

kyā āp bhārat mẽ rahte haĩ ? jī hā̃.
Est-ce que vous habitez en Inde ? Oui.
(est-ce que vous Inde dans restez ? oui.)

....

....

....

....

....

> Le verbe est final, précédé des compléments, et, au lieu des prépositions, on trouve des postpositions, ce qui correspond à l'ordre de la phrase hindie, souvent l'inverse du français. Le petit mot *oui* ne correspond jamais à un hochement de la tête de bas en haut, et exprimer son accord se fait souvent au contraire d'un mouvement de tête de droite à gauche.

QUELQUES PHRASES

क्या आप भारतीय हैं ?

kyā āp bhārtīy haĩ ?
Est-ce que vous êtes indien/ne ?
(est-ce qu'indien(ne) êtes ?)

....

....

....

....

....

QUELQUES PHRASES

जी नहीं, मैं अंग्रेज़ हूँ ।

jī nahī̃, maĩ ãgrez hū̃.
non, je suis anglais(e).
(non, je anglais suis.)

....

....

....

....

....

QUELQUES PHRASES

आपकी/तुम्हारी उम्र क्या है ?

āpkī/tumhārī umr kyā hai ?
Quel âge avez-vous ? As-tu ?
(votre/ton âge quel est ?)

QUELQUES PHRASES

क्या आप फ़्राँसीसी / हिंदी बोलते हैं ?

kyā āp frā̃sīsī /hĩdī bolte haĩ ?
Est-ce que vous parlez français/hindi ?
(est-ce que vous français/hindi parlez ?)

....

....

....

....

....

QUELQUES PHRASES

मैं हिंदी लिखना सीख रहा / रही हूँ ।

maĩ hĩdī likhnā sīkh rahā/rahī hũ.
Je suis en train (masculin/féminin) d'apprendre à écrire en hindi.
(je hindi écrire apprendre resté suis.)

....

....

....

....

....

QUELQUES PHRASES

मुझे देवनागरी लिपि बहुत पसंद है ।

mujhe devnāgarī lipi bahut pasād hai.
J'aime beaucoup l'écriture devanagari.
(à-moi devanagari écriture beaucoup plaisir est.)

....

....

....

....

....

QUELQUES PHRASES

यह क्या है ?

yah kyā hai ?
Qu'est-ce que c'est ?
(ceci quoi est ?)

....

....

....

....

....

Cette petite phrase est d'une grande utilité. Pour un objet, vous pouvez préciser यह चीज़ **yah cīz** *cette chose*, et apprendre ainsi du vocabulaire concret.

QUELQUES PHRASES

क्या आपको मालूम है ? मुझे पता नहीं ।

kyā āpko mālūm hai ? mujhe malūm nahī̃.
Est-ce que vous savez ? Je ne sais pas.
(est-ce que à-vous connaissance est à-moi connaissance pas.)

....

....

....

....

....

Pour dire *savoir* on peut utiliser **मालूम mālūm**, qui est un mot d'origine arabe, ou le mot d'origine indienne **पता patā**, tout aussi courant. Ce type d'expression a toujours comme sujet « à-moi » et non *je*, « à-vous » et non *vous*. Loin d'être du charabia, cette subtilité permet de distinguer les sujets qui font des actions de ceux qui éprouvent des émotions ou des sensations.

QUELQUES PHRASES

यह दिल्ली का पुराना क़िला है ।

yah dillī kā purānā qilā hai.
C'est la vieille citadelle de Delhi.
(ceci Delhi de vieux fort est.)

....

....

....

....

....

Attraction moins connue que le Fort rouge (लाल क़िला **lāl qilā**) près de la grande mosquée, tous deux du XVIIe siècle, le Vieux fort est plus ancien et moins fastueux, mais il a un charme bien à lui, avec son vaste parc peu fréquenté, non loin du très moderne parc des Expositions.

QUELQUES PHRASES

कोई बात नहीं ।

koi bāt nahī̃.
Pas de problème / ça ne fait rien.
(quelconque chose pas.)

QUELQUES PHRASES

फिर मिलेंगे !

phir milẽge !
À bientôt !
(ensuite rencontrerons !)

....

....

....

....

....

> C'est la façon la plus courante de se dire au revoir, quand on ne reprend pas la formule de salutation à tout faire नमस्ते **namaste**.

Exercice

9 Déchiffrez ce menu de restaurant.

नान
चपाती रोटी
पालक पनीर
चावल
दाल
आलू गोभी
मुर्ग़ मक्खनी
लस्सी
पकौड़े
(प्याज़, आलू, बैंगन)
केसर पिस्ता कुल्फ़ी
गुलाब जामुन
चाय
आम

▶ Voir réponses page 127.

Quelques prénoms

रमेश	Rameś	अर्जुन	Arjun
राजेश	Rājeś	तन्वी	Tanvī
उषा	Ushā	माया	Māyā
राहुल	Rāhul	शालिनी	Śālinī
ज्योत्सना	Jyotsnā	कबीर	Kabīr
रोहित	Rohit	अमीना	Amīnā
शंकर	Śākar	सिद्धार्थ	Siddhārtha

Les noms hindous rappellent souvent le Panthéon : Ramesh, prénom classique aujourd'hui désuet, est formé sur la base du nom du dieu Rama dont l'épouse était Sita, prénom féminin jadis très populaire et aujourd'hui boycotté du fait de l'identification de Sita à la femme soumise. Rajesh est formé sur le nom **राजा rājā** *roi*, et Usha l'aurore, était aussi une divinité, de même que Rahul est une configuration astrale, Arjun un grand héros mythologique et Rohit les premiers rayons du soleil. Shankar est un des noms de Krishna. D'autres évoquent des notions clés comme la lumière (Jyotsna), la révélation et sa transmission orale (Shruti). De même, beaucoup de noms musulmans comme Kabir (grand) et Aminah évoquent aussi l'histoire sainte musulmane par ses grandes figures ou notions. Siddhartha, celui qui a pour but la réalisation de soi, évoque Bouddha mais n'est pas donné aux seuls bouddhistes. La première lettre du prénom chez les hindous est traditionnellement donnée par l'astrologue, et la célébrité des stars de Bollywood joue aujourd'hui un rôle important dans le choix.

Lire et écrire en hindi sur un ordinateur

Depuis l'arrivée de l'Unicode, la plupart des ordinateurs permettent de lire et d'écrire en hindi. La lecture des sites conçus en devanagari est gérée automatiquement par la plupart des navigateurs, mais certains nécessitent d'activer le codage UTF-8 par défaut au lieu du codage Europe occidentale.

Pour écrire, il faut installer la langue hindie et un clavier. Vous trouverez l'option langue dans Paramètres ou Panneau de configuration sous Windows, dans Paramètres et Clavier sous Macintosh.

Tous les systèmes d'exploitation sont fournis avec au moins une police pour devanagari, comme Mangal et Arial Unicode. De nombreuses polices de devanagari sont disponibles sur Internet, comme Noto Serif Devanagari utilisée dans ce cahier.

Le clavier par défaut pour le hindi est le clavier traditionnel et il faut donc connaître l'emplacement des touches pour pouvoir écrire.

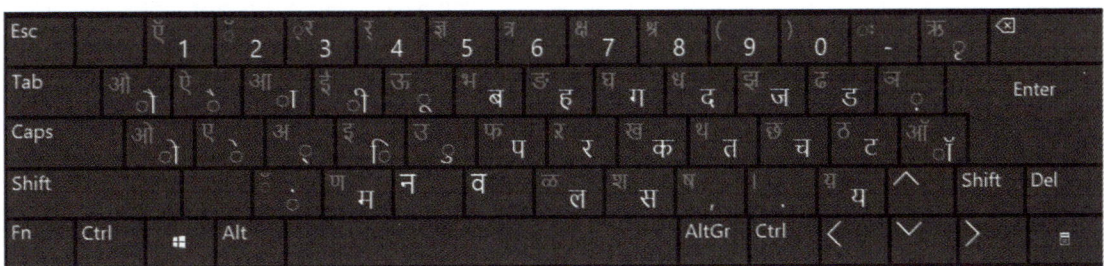

Pour faciliter l'écriture sur un ordinateur français, un clavier phonétique est disponible pour les claviers français (AZERTY) avec correspondance des touches françaises avec les lettres-sons hindis, par exemple a pour अ, A pour आ, k pour क, K pour ख, etc.

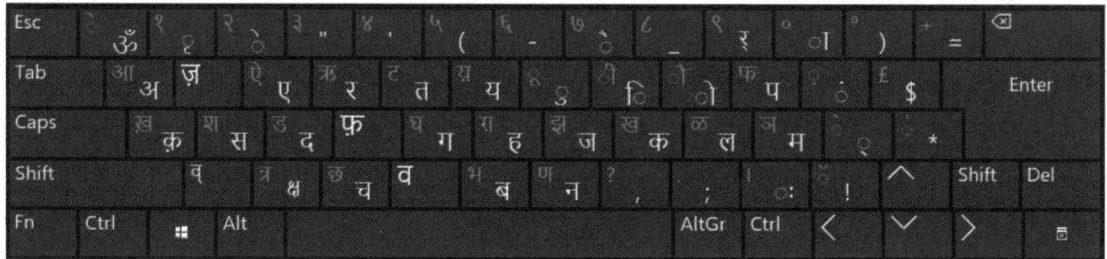

Ce clavier phonétique est disponible pour les PC et Mac sur ce site *http://courshindi.free.fr/utils.php.*

L'usage de la devanagari dans les autres langues

Le sanskrit

Le sanskrit संस्कृत, qui continue à s'écrire et à se parler (seize mille locuteurs de langue maternelle), a été la première langue indo-aryenne à utiliser la devanagari. C'est sur cet exemple bien plus que sur ceux des langues modernes qu'on peut dire que l'écriture transcrit rigoureusement les sons de la langue. L'alphasyllabaire contient trois voyelles supplémentaires par rapport à celui du hindi, la voyelle longue correspondant à ऋ r̥, ॠ r̥̄, avec une cédille supplémentaire, une voyelle brève latérale rétroflexée ऌ l̥u, prononcée un peu comme la finale de l'anglais *uncle*, et la voyelle longue correspondante écrite avec une cédille additionnelle et translittérée avec une barre horizontale au-dessus : ॡ l̥̄ [matra ॢ], les deux dernières étant particulièrement rares. Les voyelles longues ऐ **ai** et औ **au** sont diphtonguées.
Il n'y a pas de voyelles nasales en sanskrit, le *chandra bindu* est réservé au signe ॐ **aum**.

Les consonnes sont les mêmes que celles du hindi, avec un l rétroflexe supplémentaire (ळ ḷ) utilisé surtout en védique, mais les combinaisons sont souvent disposées verticalement, et peuvent comprendre trois ou même quatre consonnes.

Les combinaisons homorganiques nasale + consonne sont toujours écrites avec la consonne nasale abrégée : l'anusvara est réservée en sanskrit à la notation de **m** final devant un mot qui commence par une consonne. Le visarga (sourde laryngale) fait intégralement partie de l'alphabet.

La voyelle dite inhérente ne s'élide pas, même en finale, sauf, bien sûr, en présence du halant. Enfin, la finale des mots est conditionnée par l'initiale du mot suivant dans la phrase ou le composé, entraînant des modifications de sons à la frontière des unités réunies (phénomène de sandhi, dont les règles sont complexes et inconnues du hindi, sauf dans les emprunts sanskrits : तत्गुरु **tat guru** (*cela maître*) devient तद्गुरु **tadguru**, *maître spirituel parfait,* car la sourde **t** se sonorise au contact de la sonore **g**).

Par exemple :
सर्वे मानवाः स्वतन्त्राः समुत्पन्ना वर्तन्ते अपि च गौरवदृशा अधिकारदृशा च समाना एव वर्तन्ते।
sarvē mānavāḥ svatantrāḥ samutpannā vartantē api ca gauravadr̥śā adhikāradr̥śā ca samānā ēva vartantē.
(tous hommes produits se-trouvent aussi et dignité-au-point-de vue droit-au-point-de-vue et égaux précisément se-trouvent.)
Tous les êtres humains sont nés libres et égaux en droit et en dignité (article 1 de la Déclaration des droits de l'homme).

L'USAGE DE LA DEVANAGARI DANS LES AUTRES LANGUES

Le marathi

Le marathi मराठी, dont la longue tradition écrite depuis le début du second millénaire, d'abord poétique (Toukaram) puis théâtrale et romanesque, lui a valu le statut de langue classique depuis 2016, est parlé par soixante-douze millions de locuteurs principalement dans l'État du Maharahtra. L'alphabet est comme en hindi légèrement simplifié par rapport au sanskrit, notamment pour les consonnes combinées, mais a conservé les deux voyelles brèves centrales rétroflexes du sanskrit (sans les longues correspondantes), ऋ r qui se prononce **ru** [rou] et ऌ ḷ qui se prononce **lu** [lou] : मृग, **mṛga** [mruga] कॢप्ति **kḷupti**. En outre, il existe une voyelle brève ऍ, transcrite **ai** et prononcée [e central i], légèrement diphtonguée. La longue correspondante ऑ est plus proche du **e** central que du **o** très ouvert qui correspond à la même lettre en hindi. La graphie ancienne de ces deux lettres était ऒ [matra ो] et ऎ [matra े].
La consonne latérale **l** s'oppose en outre à sa correspondante rétroflexe (absente en hindi) ळ **ḷ** (mêmes graphies qu'en sanskrit), que vous trouvez dans le premier mot de l'exemple मासळयांनी **māsaḷyānī** alors que le dernier mot भरली **bharlī** comporte un **l** non rétroflexe : मासळयांनी भरली **māsaḷyānī bharlī** *pleine de poissons*. Comme on trouve ce **ḷ** rétroflexe dans des mots dont le correspondant sanskrit (ou hindi) présente le **l** latéral (ळ se trouve dans des mots कमळ **kamaḷ**, alors qu'on a en sanskrit कमलम् **kamalam**, hindi कमल **kamal** *lotus*), on invoque souvent une influence des langues dravidiennes, qui ont toutes ce phonème. Mais il s'agit peut-être d'une survivance du sanskrit védique.

Les affriquées च **c** et ज **j** ainsi que les aspirées correspondantes s'écrivent comme en hindi, mais ont deux réalisations sonores selon leur position : elles sont palatalisées (tch, dj) devant une voyelle palatale comme i, et sifflantes (s, z) devant une voyelle non palatale : माझं नाव ... आहे (**mājhā** [mâzhan] **nāv ... āhe**) *mon nom est*, mais माझी **mājhī** [mâdjhî] *ma*.
सर्व मानवी व्यक्ति जन्मतः च स्वतंत्र आहेत व त्यांना समान प्रतिष्ठा व समान अधिकार आहेत.
sarve mānavī vyakti janmataḥ ca svatātra va tyā̃nā samān pratiṣṭhā va samān adhikār āhet
(toutes les créatures humaines par naissance sont libres et à celles-ci égale dignité est.)

Le népali

Le népali नेपाली, parlé par seize millions de locuteurs, est la langue nationale du Népal et reconnue par la constitution indienne, du fait d'une forte communauté népaliphone dans les États himalayens. Elle a les mêmes signes graphiques que le hindi à la différence près qu'elle s'écrit toutefois dans la graphie que nous avons signalée comme traditionnelle. C'est au niveau de la prononciation que se situent les différences essentielles, et notamment dans l'accent de mot et de phrase, mais aussi des affriquées et qui tendent à se réaliser comme des sifflantes (जानु **jānu** [dzânou] *aller*, छैन **chaina** [tsaina] *n'est pas*). Dans l'écriture, les postpositions sont soudées au nom et la négation au verbe : हरेक चीजको **harek cīzko** (chacun chose-à) *pour*

toute chose, मलाई थाहा छैन **malāī thāhā chaina** (moi-à connaissance est-pas) *je ne sais pas.*
सबै व्यक्तिहरू जन्मजात स्वतन्त्र हुनछन् र ती सबैको समान अधिकार र महत्व छ।
sabai vyaktiharū janmajāt svatantra hunchan ra tī sabaiko samān adhikār ra mahatva cha
(tous individus-chaque par-naissance libres sont et eux tous-à égal droit et importance est.)

Le marwari

Le marwari मारवाड़ी, principale langue rajasthanie incluse dans la liste des grandes langues de l'Académie des lettres, bien que le hindi soit la langue officielle de l'État, est parlé par vingt millions de locuteurs dans l'ouest du Rajasthan et le Sindh, et son nom vient du mot *désert* (**māru**). La célèbre ballade lyrique ढोला मारू **ḍholā mārū**, du nom de ses protagonistes, est le texte le plus populaire, mais le plus ancien, la geste du roi Prithviraj, est souvent considéré comme le premier texte de la culture hindie (XIIe siècle).
Elle a comme le marathi conservé le ळ **ḷ** rétroflexe du sanskrit en contraste avec la latérale, mais non les voyelles rétroflexes.
Cette traduction de l'article 1 de la déclaration est intéressante par l'usage de mots marathis non sanskritisés (**sāglā**) et ourdous (**āzād**), ou le choix de la variante non sanskritisée (**minakh** est l'équivalent de **manuṣya** *humain*, mais avec la transformation en **kh** de la lettre ṣ).
सगळा मिनख आज़ाद अर प्रतिष्ठा ने अधिकारां री बरोबरी लियोडा पैदा होवे ।
sagḷā minakh āzād ar pratiṣṭhā ne adhikārā ri barobarī liyoḍā paidā hove.
(tous humains libres et dignité en droit de égalité avec nés sont.)

Les dialectes orientaux

Les « dialectes » orientaux comme l'awadhi, tous plus parlés qu'écrits, ont des diphtongues, transcrites par le signe nagari correspondant à la voyelle longue surmontée d'une plume en **s** étiré au lieu de la plume simple : ऒ [matra ऺ] et ऐ [matra ऽ]. Le maithili, parlé par trente-cinq millions de personnes à l'est du Bihar et langue constitutionnelle depuis 1994, a longtemps eu une écriture propre (tirahuta) ressemblant à celle du bengali, mais utilise aujourd'hui la devanagari.

Comparons avec le hindi

Voici pour finir la version hindie de la phrase traduisant le début de la déclaration, pour que vous le compariez aux précédentes versions :
सभी मनुष्यों को गौरव और अधिकारों के मामले, में जन्मजात स्वतन्त्रता और समानता प्राप्त है।
(tous humains à dignité et droits de matière en par-naissance liberté et égalité possédé est.)

La calligraphie

Les premiers textes manuscrits indiens ont d'abord été tracés sur des écorces de bouleau (*bhojpatra*) ou des feuilles de palmier, dont certaines remonteraient au IIe siècle av. J.-C. La tradition marchande, très active entre l'Inde et ses voisins d'Asie centrale et d'Asie du Sud-Est a contribué à diffuser la pratique du manuscrit, dans une culture qui ne valorisait pas l'écrit. L'art calligraphique apparaît cependant dès le Ier millénaire, dans les monnaies, les inscriptions, voire les copies de poèmes disposés en calligrammes, selon des motifs géométriques ou figuratifs, ou dans l'ornement de certaines lettres par des motifs floraux ou animaux. La tradition bouddhiste qui, contrairement à la tradition hindoue, valorisait la copie comme geste de piété, est particulièrement riche sur le plan calligraphique. Dès le milieu du IIe millénaire, l'élégance de l'écriture est aussi devenue un critère important dans le recrutement des scribes engagés par les monarques pour copier les documents officiels, notamment dans la caste des Kayastha, qui s'en est fait une spécialité.

Quant à l'art de la calligraphie proprement dit, il s'est développé plus récemment, et doit beaucoup à la très riche tradition arabe et persane, introduite avec les dynasties musulmanes en Inde, dont le patrimoine architectural de Delhi offre de nombreux exemples.

La calligraphie en devanagari, comme dans les autres écritures indiennes, n'est peut-être pas encore aussi variée et inventive que celle en caractères arabes, mais suscite depuis peu un très vif intérêt, et voit proliférer ateliers, expositions et compétitions. La plume traditionnelle ou *qalam* est un stylet en bambou coupé en biseau, ce qui produit des traits épais dont les bords rejoignent une tige verticale. La plume était traditionnellement maintenue à un angle de 45° pendant tout le tracé. Aujourd'hui, les calligraphes utilisent également une plume coupée horizontalement et font varier l'angle de la plume pour obtenir l'effet souhaité. L'usage du support papier permet aussi de faire des tracés plus droits, que ne permettait pas le support de bambou ou de palme à cause du risque de déchirure.

L'artiste qui a conçu pour ce cahier la calligraphie ci-contre, Qamar Dagar, que nous remercions chaleureusement, nourrit son art de la tradition de son maître soufi, développée avec beaucoup de lyrisme et d'imagination personnelle, utilisant la couleur et parfois les lettres devanagaries. Elle est basée à Delhi, a exposé en Inde, en France et aux États-Unis. Dans cette calligraphie, intitulée *A se Gya* (*de A à Z*, car Gya est la dernière lettre dans l'alphabet enseigné traditionnellement), vous reconnaissez en haut le dessin de la lettre अ **a**, en bas celui de la lettre ज्ञ **gya**, liées verticalement par le dessin de la syllabe से **se**, le tout sur un socle où figure l'ensemble des lettres.

LA CALLIGRAPHIE

Les chiffres

L'ordre de combinaison est l'inverse du français : d'abord l'unité, ensuite la dizaine, avec beaucoup de changements phonétiques, qui rendent les unités difficiles à reconnaître. Le chiffre 19 n'est pas formé à partir de 10, mais à partir de 20 (auquel on retranche 1) et c'est le même système jusqu'à 89. Il faut donc apprendre les chiffres jusqu'à 100 !

1	१ एक	ek		11	११ ग्यारह	gyārah
2	२ दो	do		12	१२ बारह	bārah
3	३ तीन	tīn		13	१३ तेरह	terah
4	४ चार	cār		14	१४ चौदह	caudah
5	५ पाँच	pā̃c		15	१५ पंद्रह	pandrah
6	६ छह	chah		16	१६ सोलह	saulah
7	७ सात	sāt		17	१७ सत्रह	sattrah
8	८ आठ	āṭh		18	१८ अट्ठारह	aṭṭhārah
9	९ नौ	nau		19	१९ उन्नीस	unnīs
10	१० दस	das		20	२० बीस	bīs

Les fractions

साढ़े **sāṛhe** *et demi*
डेढ़ **ḍeṛh** *un et demi*
ढाई **dhāī** *deux et demi*

सवा **savā** *quart*
तिहाई **tihāī** *tiers*
पौने **paune** *moins un quart*

SOLUTIONS

Page 67

1
a. वो (ce) b. दी (donnée)
c. थे (étaient (masculin)) d. माँ (maman)
e. शै f. या (ou) g. में (dans) h. तृ.

2
a. ghī (beurre clarifié) b. lā (apporte)
c. so (dors) d. sau (cent) e. tū (tu)
f. ne g. maī (je) h. thī̃ (étaient (féminin)).

Page 73

3
a. न्त nta b. क्श kśa c. ख्व khva
d. ल्क lka e. स्ने sne f. स्था sthā
g. प्लू plū h. क्या kyā i. त्मी tmī
j. क्लो klo.

Page 81

4
a. ब्रा b. ट्रो c. सें d. र्ध e. द्रै f. द्वी g. त्थौ
h. च्छू i. त्रा j. त्र

5
a. स्त्री (femme) b. ठू

Page 92

6
a. samajhnā (comprendre)
b. samjho (comprends !) c. saṛak (rue)
d. saṛkẽ (rues) e. kamal (lotus)
f. kamlõ (aux lotus).

Page 96

7
a. āũ (vienne) b. anunāsikā (nasalisation)
c. hindī / hĩdī d. lambā / lābā (long)
e. ṭhaṇḍī / ṭhā̃ḍī (froide) f. ā̃kh (œil)
g. jāũgā (irai) h. varṣā (pluie)
i. akṣar (lettre) j. rāmāyaṇ

8
a. बोलो b. लिखो c. बात d. चीनी e. करना f. महाभारत

Page 117

9
nān (galette au froment)
capātī / roṭi (galette de farine complète)
pālak panīr (épinard au fromage)
cāval (riz)
dāl (lentilles)
murg makkhnī
(pommes de terre et chou-fleur)
lassī (yahourt à boire)
pakauṛe (pyāz, ālū, baīgan)
((beignets), oignon, pomme de terre, aubergine)
kesar pistā kulfī
(glace à la pistache et au safran)
gulāb jāmun
(boule au sirop parfumé à la rose)
cāy (thé)
ām (mangues)

शाबाश !

śābāś !
Bravo !

La calligraphie de la page 125 a été réalisée par Qamar Dagar.

Création et réalisation : Lunedit, lunedit.com

© 2018, Assimil
Dépôt légal : avril 2018
N° d'édition : 3776
ISBN : 978-2-7005-0804-8

ww.assimil.com

Imprimé en Slovénie par DZS Grafik